"十三五"国家重点出版物出版规划项目

|政|治|建|设|卷|

统一战线的
理论与实践

THE THEORY AND PRACTICE OF
UNITED FRONTS

周建勇 著

中国财经出版传媒集团
经济科学出版社
Economic Science Press

图书在版编目（CIP）数据

统一战线的理论与实践/周建勇著. —北京：经济科学出版社，2020.10（2023.8 重印）
（中国道路. 政治建设卷）
ISBN 978-7-5218-1586-3

Ⅰ.①统… Ⅱ.①周… Ⅲ.①统一战线工作-研究-中国 Ⅳ.①D613

中国版本图书馆 CIP 数据核字（2020）第 085464 号

责任编辑：杨　洋
责任校对：李　建
责任印制：范　艳　张佳裕

统一战线的理论与实践

周建勇　著

经济科学出版社出版、发行　新华书店经销
社址：北京市海淀区阜成路甲 28 号　邮编：100142
总编部电话：010-88191217　发行部电话：010-88191522
网址：www.esp.com.cn
电子邮箱：esp@esp.com.cn
天猫网店：经济科学出版社旗舰店
网址：http://jjkxcbs.tmall.com
北京季蜂印刷有限公司印装
710×1000　16 开　14 印张　180000 字
2021 年 6 月第 1 版　2023 年 8 月第 3 次印刷
ISBN 978-7-5218-1586-3　定价：55.00 元
(图书出现印装问题，本社负责调换．电话：010-88191510)
(版权所有　侵权必究　打击盗版　举报热线：010-88191661
QQ：2242791300　营销中心电话：010-88191537
电子邮箱：dbts@esp.com.cn)

《中国道路》丛书编委会

顾　　　问：魏礼群　马建堂　许宏才

总　主　编：顾海良

编委会成员：（按姓氏笔画为序）
　　　　　　马建堂　王天义　刘　志　吕　政
　　　　　　向春玲　陈江生　季正聚　季　明
　　　　　　竺彩华　周法兴　赵建军　逄锦聚
　　　　　　姜　辉　顾海良　高　飞　黄泰岩
　　　　　　傅才武　曾　峻　魏礼群　魏海生

政治建设卷

主　　　编：曾　峻　王公龙

《中国道路》丛书审读委员会

主 任：吕 萍

委 员：李洪波 陈迈利 柳 敏 樊曙华
　　　　刘明晖 孙丽丽 胡蔚婷

总　　序

　　中国道路就是中国特色社会主义道路。习近平总书记指出，中国特色社会主义这条道路来之不易，它是在改革开放三十多年的伟大实践中走出来的，是在中华人民共和国成立六十多年的持续探索中走出来的，是在对近代以来一百七十多年中华民族发展历程的深刻总结中走出来的，是在对中华民族五千多年悠久文明的传承中走出来的，具有深厚的历史渊源和广泛的现实基础。

　　道路决定命运。中国道路是发展中国、富强中国之路，是一条实现中华民族伟大复兴中国梦的人间正道、康庄大道。要增强中国道路自信、理论自信、制度自信、文化自信，确保中国特色社会主义道路沿着正确方向胜利前进。《中国道路》丛书，就是以此为主旨，对中国道路的实践、成就和经验，以及历史、现实与未来，分卷分册做出全景式展示。

　　丛书按主题分作十卷百册。十卷的主题分别为：经济建设、政治建设、文化建设、社会建设、生态文明建设、国防与军队建设、外交与国际战略、党的领导和建设、马克思主义中国化、世界对中国道路评价。每卷按分卷主题的具体内容分为若干册，各册对实践探索、改革历程、发展成效、经验总结、理论创新等方面问题做出阐释。在阐释中，以改革开放四十多年伟大实践为主要内容，结合新中国成立七十年的持续探索，对中华民族近代以来发展历程以及悠久文明传承的总结，既有强烈的时代感，又有深刻的历史感召力和面向未来的震撼力。

丛书整体策划，分卷作业。在写作风格上，注重历史和现实相贯通、国际和国内相关联、理论和实际相结合，对中国道路的重大理论和实践问题做出探索；注重对中国道路的实践经验、理论创新做出求实、求真的阐释；注重对中国道路做出富有特色的、令人信服的国际表达；注重对中国道路为发展中国家走向现代化的途径、为解决人类问题所贡献的中国智慧和中国方案的阐释。

在新中国成立特别是改革开放以来我国发展取得的重大成就基础上，近代以来久经磨难的中华民族实现了从站起来、富起来到强起来的历史性飞跃，焕发出强大生机活力，迈进中国特色社会主义道路发展的新时代。在新时代建设社会主义现代化强国的新的历史征程中，中国财经出版传媒集团经济科学出版社、中国特色社会主义经济建设协同创新中心精心策划、组织编写《中国道路》丛书有着更为显著的、重要的理论意义和现实意义。

《中国道路》丛书2015年策划启动，2017年开始陆续推出。丛书2016年列入"十三五"国家重点出版物出版规划项目、主题出版规划项目。丛书第一批，2017年列入国家"90种迎接党的十九大精品出版选题"；2018年获国家出版基金资助，作为馆藏图书被大英图书馆收藏；2019年被中宣部遴选为"书影中的70年·新中国图书版本展"参展图书，并入选国家社科基金中华学术外译项目推荐选题目录。

《中国道路》丛书编委会

前　言

　　统一战线，是中国共产党成立以来沿用至今的一项基本策略，是中国共产党领导革命、建设和改革的重要法宝。早在1939年，毛泽东在《〈共产党人〉发刊词》中就指出，"统一战线问题、武装斗争问题、党的建设问题，是我们党在中国革命中的三个基本问题。正确地理解了这三个问题及其相互关系，就等于正确地领导了全部中国革命"。① 正是在这一判断的基础上，毛泽东指出，"统一战线、武装斗争、党的建设，是中国共产党在中国革命中战胜敌人的三个法宝"。② 毛泽东把统一战线视为中国革命的三个法宝之一，而且统一战线又被列为三大法宝之首，这不仅表明了毛泽东对统一战线地位的高度重视，而且充分肯定了统一战线对中国革命的重大战略价值。

　　中国共产党100年、中华人民共和国70多年的发展充分证明，统一战线不仅是中国革命取得胜利的重要法宝，也是社会主义现代化建设、改革开放取得成就的重要法宝。随着中国共产党的组织壮大、治国理政的全面展开，统一战线的理论和实践也取得了长足的发展。党的十九大报告进一步强调指出，统一战线是党的事业取得胜利的重要法宝，必须长期坚持。要高举爱国主

---

① 《毛泽东选集》第二卷，人民出版社1991年版，第605～606页。
② 《毛泽东选集》第二卷，人民出版社1991年版，第606页。

义、社会主义旗帜,牢牢把握大团结大联合的主题,坚持一致性和多样性统一,找到最大公约数,画出最大同心圆。坚持长期共存、互相监督、肝胆相照、荣辱与共,支持民主党派按照中国特色社会主义参政党要求更好履行职能,① 这段话强调了新时代统一战线的主题、内涵、本质与要求。统一战线,对一个超大规模、差异性较大的国家的统一与整合而言,对一个基础差、贫穷积弱的社会主义国家走向现代化而言,对于中华民族伟大复兴和中国国家的最终统一而言,都具有极其重大的意义和价值。

(一)组织起来②:去组织化与再组织化

近代中国社会是一个弱组织化的社会。费孝通认为,"从基层上看,中国社会是乡土性的"。③ 这种乡土社会,费孝通用"差序格局"来描述这种弱组织化的社会结构,"我们的格局不是一捆一捆扎清楚的柴,而是好像把一块石头丢在水面上所发生的一圈圈推出去的波纹。每个人都是他的社会影响所推出去的圈子的中心"、以"己"为中心,像石子一般投入水中,和别人所联系的社会关系,不像团体中的分子一般大家立在一个平面上的,而是像水的波纹一般,一圈圈推出去,越推越远,也就越推越薄。亲缘关系应该是这种差序格局的最好描述,血缘是维系社会稳定的基本要素,乡村社会的家族和宗族也在维护乡村的稳定和发展,所以瞿同祖认为,中国是一个礼法社会,家法服从国法,家族是社会治理的最基本的单元。这种结构无疑是弱组织化的结构。

---

① 习近平:《决胜全面建成小康社会,夺取新时代中国特色社会主义伟大胜利——在中国共产党第十九次全国代表大会上的报告》,人民出版社2017年版,第39~40页。

② 毛泽东在《湖南农民运动考察报告》中即使用了"组织起来"这样的标题,将农民组织进农会,于是,"农会会员激增到二百万,能直接领导的群众增加到一千万""在湖南农民全数中,差不多组织了一半""农民既已有了广大的组织,便开始行动起来"。引自《毛泽东选集》第1卷,人民出版社2009年版,第13、14页。

③ 费孝通:《乡土中国 生育制度》,北京大学出版社1998年版,第6页。

前　言

　　这种弱组织化社会的另外一个表现就是与国家政权的关系若即若离，或者说国家权力鲜有渗入乡村社会的。历史研究表明，传统中国的治理结构有两个不同的部分，其上层是中央政府，并设置了一个自上而下的官制系统，其底层是地方性的管制单位，由族长、乡绅或地方名流掌握。① 中国的中央政权结构到县级为止，作为地方基层官员的县令，大概管辖有 20 万左右的人口。② 与此相对，中国基层社会并没有直接与皇权联系。中国的绅士作为一个特权阶层，承担了许多重要的社会管理职能，绅士支撑着国家，绅士治理着乡村。它所承担的许多重要职责包括了一个广泛的社会管理范围，从意识形态的引导到政治、社会和经济事务的实际管理，以至于进入行政职责的范围。

　　按照张仲礼的分析，中国的绅士实为中央和地方的疏通机制。一方面，他们将国家的指令传达给社会，并言传身教，规范着社会。另一方面，绅士集团又在很大程度上行使国家职能，不仅节省了成本，而且达成了比政府更高的效率和成果。所以，中国传统社会的地方自治传统很强。对于国家来说，在中国这样的一个国家结构中，政权的力量职能延伸到县级，而乡绅却行使社会管理的职能。国家通过控制绅士而控制着社会，当社会出现问题时，国家又可以牺牲绅士来保全自己。一个稳定的士绅阶层是维持乡土中国社会生态环境平衡的调节器。③ 士绅阶层、家族和宗族在乡村治理中发挥重要的作用，这是一种组织化程度弱的社会治理结构。

　　由于辛亥革命爆发、封建专制王朝终结，权威消失带来的社会秩序的真空，无法被其他力量及时填补，这导致了地方社会的

---

① 张静：《基层政权乡村制度诸问题》，浙江人民出版社 2000 年版，第 18 页。
② Theda Skocpol, State and Social Revolution, Cambridge University Press, 1979, p741. [美] 杜赞奇著，王福明译：《文化、权力与国家》，江苏人民出版社 2010 年版，第 30 页。
③ 张仲礼：《中国绅士：关于其在 19 世纪中国社会中作用的研究》，上海社会科学出版社 2002 年版。

进一步弥散，社会结构进一步分散化；科举制度的废除更是让维系中国社会的各组成部分"四散而无关联"。

一个弱组织化的社会，又经历了进一步的去组织化，社会呈现一盘散沙的局面，这也是孙中山认为"中国人不是自由太少，而是自由太多"的原因。组织起来，是近代中国实现独立必须要解决的第一个大课题，它既是国家统一的客观需要，也是后发国家实现现代化的客观需要。

（二）统一战线：社会组织化的政治策略

以孙中山为代表的国民党人进行了社会组织化的第一次尝试，孙中山对中国社会的一盘散沙感同身受，他胸怀振兴中华大志，寄希望于旧有的宗族和血缘关系来凝聚社会。孙中山不厌其烦地强调了中国再组织化的具体路径："依我看起来，中国国民和国家结构的关系，先有家族，再推到宗族，再然后才是国族，这种组织一级一级的放大，有条不紊，大小结构的关系当中是很实在的；如果用宗族为单位，改良当中的组织，再联合成国族，比较外国用个人为单位当然容易联络得多。"[①]

从家族到宗族，再到国族，这就是孙中山将中国社会组织起来的具体路径，不过，历史证明，这种依托家族和宗族的组织化形式，与现代国家建设的路径大相径庭。另外，孙中山也寄希望于政党的组织，他认为国民党改组的目的是造成一个有力量的政党，然后用政党的力量改造国家。孙中山意识到了政党在改造国家中的重要力量，但他并未将国民党打造为一个坚强有力的组织。

国家权力渗透社会的努力也未成功。杜赞奇在《文化、权力与国家：1900—1942年的华北农村》一书中，分析了国家权力深入基层的华北乡村的后果：它破坏了传统的"保护型经济组

---

① 《三民主义》（1924年1~8月），引自《孙中山全集》第9卷，中华书局2006年版，第238页。

织"，形成了"国家型经济组织"。一方面，半官僚化、雇员增生、财政需求增大；另一方面，上层政权缺乏控制这些机构和人员贪污的能力，这使国家政权深入蜕化为将营利型经济体制推向社会最下层。黄宗智的《华北的小农经济与社会变迁》分析了华北小农的半无产化——中国半个世纪以来的大规模动荡的结构性基础，伴随着小农半无产化的是村庄整体关系的逐渐松弛。官僚化与半无产化两个过程的交接，导致了村庄与国家新的矛盾。也就是说，在旧的权威结束、新的权威尚未建立起来的过程中，借助国家权力实现组织化社会的目标是失败的。

在被释放出来的"非法"力量来到之前，过渡政权必须建立起新的合法性，这是一场关系着政权命运的竞赛。因而，谁能将一盘散沙的中国组织起来，谁就能实现中国革命的成功。谁拥有了成功地将中国社会再组织起来的策略，谁就掌握了革命成功的钥匙。

历史选择了中国共产党，而中国共产党也不辱使命，通过政党组织力量，领导国家；运用了统一战线策略凝聚人心、组织社会、缔造国家，解决了近代中国"去组织化"、弱组织化的问题。

中国共产党成功地将中国社会组织起来的原因就在中国共产党自身。

首先是中国共产党的组织力。毛泽东在 1915 年提出，根本改造的方式就是实行民众的大联合。而如何将民众联合起来，中国共产党运用了组织的力量。毛泽东在《组织起来》这篇讲话中就指出了组织起来对于中国共产党的重大意义。他指出，就是要把群众组织起来，把一切老百姓的力量、一切部队机关学校的力量、一切男女老少的全部劳动力半劳动力，只要是可能的，就毫无例外地动员起来，组织起来，成为一支劳动大军。而"我们的同志学会了组织群众的劳动，学会了帮助农民做按家生产计划，组织变工队，组织运盐队，组织综合性合作社，组织军队的生产，组织机关学校的生产，组织工厂的生产，组织生产竞赛，奖励劳动英雄，组织生产展览会，发动群众的创造力和积极性，加上旁的各项本领，我们就一定可以把日本帝国主义打出去，一定可以协同全国人民，把一个新国家建立起来"。① 毛泽东一连用了九个"组织"，充分证明了将群众组织起来的伟力；而中国共产党在组织群众的过程中，也能够认识到群众的伟大创造力，并通过向群众学习，综合群众经验，形成道理和办法，然后宣传群众、号召群众，最后解放群众。刘少奇在中华人民共和国成立之初就明确表示："中国共产党从它产生的时候起，就为中国人民的革命大团结而奋斗，在今后，它也一定要继续为这种大团结而奋斗。"② 中国共产党的成功，很大程度上是将党员"组织起来的"成功。党的力量来自组织，组织能使力量倍增，拥有严密的组织体系，这是中国共产党不同于其他任何政党的独特优势。超强的革命意志、严明的纪律规矩、坚定的理想信念（党的十九大描述为不忘初心、牢记使命）、严密的组织体系，成功地把中国共产党组织为一个强大的、有凝聚力的政党，它超越了地域、阶级、意识形态，成为一个统一的、有着高度忠诚的政治组织，并领导了一支强大的人民军队。

其次是党领导的统一战线。中国共产党成功运用了统一战线策略，实现了民众的大联合。原因不难理解，党员毕竟是中国社会的少数，无产阶级的、先锋队性质的政党，意味着它不可能将所有群众都吸纳进党内，林尚立指出，统一战线的核心使命是凝聚社会、唤起民众，使中国共产党成为全民族的核心力量。③ 此外，统一战线无疑是能够囊括大多数力量，实现"文治"的重要形式和政治策略。因而，革命的成功，不过是统一战线的开始

---

① 《毛泽东选集》第三卷，人民出版社2008年版，第932～933页。
② 《人民政协重要文献选编》（上），中央文献出版社、中国文史出版社2009年版，第48页。
③ 林尚立：《中国共产党与国家建设》，天津人民出版社2017年版，第87页。

和牛刀小试；新国家的建设，才是统一战线发展的春天；而新时代中国特色社会主义以及中华民族伟大复兴的中国梦，更为统一战线提供了大展拳脚的舞台和机会。中国特色社会主义进入新时代，这意味着近代以来久经磨难的中华民族在中国共产党的领导下，迎来了从站起来、富起来到强起来的伟大飞跃，统一战线是实现中华民族伟大复兴的政治策略和重要法宝。所以，党的十八大以来制定的中国共产党第一部关于统一战线的党内法规——《中国共产党统一战线工作条例（试行）》有如下表述：

统一战线是中国共产党凝聚人心、汇聚力量的政治优势和战略方针，是夺取革命、建设、改革事业胜利的重要法宝，是增强党的阶级基础、扩大党的群众基础、巩固党的执政地位的重要法宝，是全面建成小康社会、加快推进社会主义现代化、实现中华民族伟大复兴中国梦的重要法宝。

2020年修订后的《中国共产党统一战线工作条例》再次强调了这一说法，并结合新时代中国特色社会主义总体布局和民族伟大复习的历史使命，将其描述为：统一战线是中国共产党凝聚人心、汇聚力量的政治优势和战略方针，是夺取革命、建设、改革事业胜利的重要法宝，是增强党的阶级基础、扩大党的群众基础、巩固党的执政地位的重要法宝，是全面建设社会主义现代化国家、实现中华民族伟大复兴的重要法宝。

（三）统一战线是一门专门科学

政治是一门科学，是一门艺术。谁是我们的朋友、谁是我们的敌人，这是中国革命的首要问题，同理，这也是改革开放、社会主义现代化建设的首要问题，从这个角度理解，政治意味着区分敌我；统一战线作为扩大朋友圈、凝聚最大力量的战略方针，处理的是政治的基本问题，统一战线是一门专门科学。在1945年党的七大上，毛泽东提出了"统一战线是一门专门科学"的论断。1979年3月，李维汉在中央统战部召开的统战系统干部大会上重申"统一战线是一门科学"的论断，指出"统战工作，包括民族宗教工作是一门科学,有它的规律",① 这意味着做好统一战线工作,需要充分研究把握统一战线党的基本规律。

党的十八大以来,统一战线制度的理论和实践取得了长足发展。中国共产党以组织体系为依托、以统一战线为策略,带领中国人民实现了站起来、富起来,并迎来了强起来的时代。以习近平同志为核心的党中央明确提出,统战工作的本质要求是大团结大联合,它要解决人心向背的问题,关系党的长期执政。习近平同志强调,要高举爱国主义、社会主义旗帜,牢牢把握大团结大联合的主题,坚持一致性和多样性统一,找到最大公约数,划出最大同心圆,这充分反映了统一战线策略的有效应用。在习近平新时代中国特色社会主义思想的指引下,更好处理好政党关系、宗教关系、民族关系、阶层关系和海外关系,需要"支持民主党派按照中国特色社会主义参政党要求更好履行职能。全面贯彻党的民族政策、宗教政策,促进民族团结、宗教和睦。加强党外知识分子工作,做好新的社会阶层人士工作,发挥他们在中国特色社会主义事业中的重要作用。构建亲清新型政商关系,促进非公有制经济健康发展和非公有制经济人士健康成长。做好港澳工作、对台工作,广泛团结联系海外侨胞和归侨侨眷,共同致力于中华民族伟大复兴"。②

大团结大联合的本质,反映的是统一战线的政治价值:在区分敌我这一最基本的政治认知下,充分把握当代中国发展进步的根本方向,运用好统一战线这一最为有效的政治策略。

由于历史和现实原因,国家尚未最终统一,国家构建尚未真正完成。这为统一战线在新时代的发展提供了最广阔的空间,实现民族伟大复兴,是新时代统一战线肩负的重大使命。孙中山指

---

① 中共中央统战部编著:《中国共产党统一战线史》,中共党史出版社、华文出版社 2017 年版,第 401 页。

② 中共中央宣传部:《习近平新时代中国特色社会主义思想学习纲要》,学习出版社、人民出版社 2019 年版,第 135~136 页。

出:"要令各姓的团体都知道大祸临头……可以变成一个极大中华民国的国族团体。"① 培养中华民族共同体意识,或者"国族"意识,② 就成为新时代统一战线的核心政治价值。

统一战线是一门科学。从理论上看,统一战线的组织形态是中国人民政治协商会议;统一战线的制度形态是多党合作制,以及民族区域自治制度;统一战线的功能形态是参政议政,具体概括为政治协商、民主监督、参政议政。1983年4月,中央统战部召开了统一战线理论座谈会。这是中华人民共和国成立以来首次召开的统战理论座谈会。会议回顾了新中国成立以来统一战线理论政策研究的曲折历程,指出加强统一战线理论政策研究的重要性,提出要研究具有中国特色的统一战线理论。

本书将围绕统一战线的历史演变以及党的十八大以来统一战线理论和实践的最新发展展开论述,着重分析统一战线工作的五对基本关系:政党关系、民族关系、宗教关系、阶层关系,以及与海内外同胞关系,从国家建设、国家治理体系和治理能力现代化的视角思考统一战线的政治价值。本书主要是以描述为主,第一章概述统一战线的演进;第二章描述党的十八大以来统一战线的新理念和新发展;第三章描述建构新型政党关系;第四章描述铸牢中华民族共同体意识;第五章描述处理好统战工作的其他关系,侧重于阶层关系、党外知识分子等。第六章"结论:统一战线为什么能"则从总体上思考统一战线的政治价值,并分析其在国家治理中的独特优势。

---

① 《孙中山选集》,人民出版社1981年版,第676页。
② 孙中山认为:"民族主义就是国族主义",引自《孙中山选集》,人民出版社1981年版,第617页。关于"国族",解释之一可参看任军锋:《地域本位与国族认同》序言部分,天津人民出版社2004年版。

目 录

第一章 统一战线的演进 / 1

一、新民主主义革命时期：民主统一战线 / 2

二、社会主义革命和建设时期 / 26

三、改革开放以来：爱国统一战线 / 35

第二章 新时代的爱国统一战线 / 54

一、统战工作是党的重要工作 / 55

二、完善党对统战工作的领导 / 70

三、加强社会主义协商民主建设 / 79

第三章 建构新型政党关系 / 88

一、基本关系 / 89

二、基本制度 / 107

三、人民政协 / 116

第四章 铸牢中华民族共同体意识 / 126

一、像石榴籽一样紧紧抱在一起 / 127

二、宗教工作具有特殊重要性 / 138

第五章　处理好统战工作的其他关系　/　146

　　一、加强非公有制经济领域统战工作　/　147
　　二、做好其他人士的统战工作　/　153

第六章　结论：统一战线为什么能　/　164

　　一、管"天下国家大事"　/　165
　　二、统战工作是人心工作　/　175
　　三、进一步完善统战工作　/　183

参考文献　/　193
后记　/　201

第一章

统一战线的演进

统一战线是马克思主义的一个基本战略和策略，根本问题是解决无产阶级解放运动中的自身团结统一和同盟军的问题。① 从一般意义上讲，无产阶级政党为了完成自己的历史使命、实现特定的战略目标和任务，除了自身团结统一、步调一致外，还需要团结其他一切可以团结的力量。在共同利益的基础上结成最广泛的政治联盟，这构成了统一战线的基本内涵。

从历史发展看，中国共产党领导的统一战线经历了四次大的发展：新民主主义革命时期、社会主义革命与建设时期、建设有中国特色社会主义的新时期，② 以及中国特色社会主义新时代。党的十八大以来，中国特色社会主义进入新时代，党的统一战线也进入了新的发展阶段。在这四次大发展中，中国共产党领导的统一战线不断完善，在国家治理体系和治理能力现代化中发挥的作用更为重要。这一章将着力描述统一战线的历史发展，侧重于不同时期主要任务的变化、统一战线工作的不同对象的变化等（截至党的十八大前）。

---

① 中共中央统战部编著：《中国共产党统一战线史》，中共党史出版社、华文出版社 2017 年版，第 3 页。
② 窦红莉：《改革开放以来社会阶层变化与党的统一战线理论实践创新研究》，陕西师范大学博士学位论文，2012 年。

一、新民主主义革命时期：民主统一战线

新民主主义革命时期，大致从中国共产党成立到新中国成立前夕。

在新民主主义革命时期，统一战线的发展有四个阶段：第一个阶段，民主联合战线，即统一战线的形成与第一次国共合作；第二个阶段，土地革命时期的工农民主统一战线；第三个阶段，抗日民族统一战线与第二次国共合作；第四个阶段，解放战争时期的人民民主统一战线。在第四阶段，中国共产党领导的统一战线逐步成熟。

（一）党的统战工作的肇始：民主联合战线

在无产阶级政党的第一个纲领《共产党宣言》中，马克思与恩格斯提出了"全世界无产者联合起来"的鲜明政治口号。列宁在领导俄国革命实践中提出了无产阶级掌握领导权和工农联盟、全世界无产者和被压迫民族联合起来等统一战线思想，并付诸轰轰烈烈的革命实践。1917年十月革命为中国送来了马克思列宁主义，对早期中国马克思主义者产生了直接影响。随着中国共产党的成立，早期统一战线初步形成，并进行了第一次实践——国共合作，此次合作的成就和破裂都给早期的中国共产党留下了宝贵的经验教训。

1. 中国共产党人统一战线思想的产生与国共首次合作。

早期中国马克思主义者从中国国情出发，宣传全世界无产者联合起来、劳工阶级联合、民众大联合等统一战线思想。1919年，李大钊在《新纪元》中指出，劳工阶级要联合他们全世界的同胞，作一个合理的生产者的结合，去打破国界，打倒全世界

资本的阶级。① 1919年，毛泽东在《湘江评论》上连续刊发《民众的大联合》文章，指出国家坏到了极处，人类苦到了极处，社会黑暗到了极处，必须继续彻底的改造。根本的改造方法，就是实行民众的大联合。并预言：中华民族的大联合，将较任何地域任何民族而先告成功。② 1920年，陈独秀、李汉俊等在上海起草的《中国共产党宣言》强调"要组织一个革命的无产阶级的政党——共产党。共产党将要引导革命的无产阶级去向资本家斗争，并要从资本家手里获得政权……并要将这政权放在工人和农民手里，正如一九一七年俄国共产党所做的一样"。③

1921年，中国共产党第一次全国代表大会召开，大会决议明确了"本党的基本任务是成立产业工会"，集中精力领导工人运动，提出了工人阶级自身团结统一的问题。但是，中共一大并未就建立革命同盟军问题达成共识。

1922年6月，中国共产党中央执行委员会发表了《中国共产党对于时局的主张》，这是党成立后公开发表的第一个重要的政治声明。文件指出，帝国主义的侵略和军阀政治是中国内忧外患的根源，也是人民遭受痛苦的根源。《中国共产党对于时局的主张》明确地指出了在"中国现存的各政党"中，"只有中国国民党比较是革命的民主派，比较是真的民主派"。"中国共产党的方法，是要邀请国民党等革命的民主派及革命的社会主义各团体开一个联席会议……共同建立一个民主主义的联合战线，向封建式的军阀继续战争；因为这种联合战争，是解放我们中国人受

---

① 《新纪元》(1919年1月1日)，《李大钊文集》(上册)，人民出版社1984年版，第608页。

② 中共中央文献研究室、中共湖南省委《毛泽东早期文稿》编辑组编：《毛泽东早期文稿》，湖南人民出版社2008年版，第359页。

③ 中共中央文献研究室、中央档案馆：《建党以来重要文献选编（1921—1949）》第一册，中央文献出版社2011年版，第487页。

列强和军阀两重压迫的战争,是中国目前必要的不可免的战争。"① 这是中国共产党关于统一战线思想的最早论述。第一次明确提出建立"联合战线"的主张,为党的二大制定民主革命纲领,提出建立"民主的联合战线"奠定了基础。

1922年召开的中共二大通过了九个决议案,其中《关于"民主的联合战线"的决议案》(以下简称《决议案》)提出:联合全国革新党派,组织民主的联合战线。这一决议案是中国共产党第一份正式提出统一战线的文件。《决议案》指出:

一是要组织民主的联合战线,建立独立国家:共产党应该联合全国革新党派,组织民主的联合战线,以扫清封建军阀推翻帝国主义的压迫,建设真正民主政治的独立国家为职志。②

二是强调了无产阶级独立性。这里包含两重任务,一是建立联合战线的组织任务;二是组织联合战线的斗争任务。特别强调保持无产阶级独立性的重要性,无产阶级一方面固然应该联合民主派,援助民主派,然亦只是联合与援助,绝不是投降附属与合并,因为民主派不是代表无产阶级为无产阶级利益而奋斗的政党;另一方面应该集合在无产阶级的政党——共产党旗帜之下,独立做自己阶级的运动。体现了以我为主组织"联合战线"的独立精神。③

三是关于建立联合战线的活动方式和实施计划。《决议案》指出,应先主动向国民党及其他民主派伸出友谊之手,发出建立联合战线的倡议,即邀请中国国民党和社会主义青年团的代表"开一个联席会议",协商建立一个"民主主义的联合战线"问题;然后在国会里联络"倾向共产主义的真正的民主派议员""结成民主主义的左派联盟";再与工、农、商、学、妇及法律、

---

① 中央档案馆:《中共中央文件选集》第一册,中共中央党校出版社1989年版,第45~46页。
②③ 中共中央文献研究室、中央档案馆编:《建国以来重要文献选编(1921—1949)》第一册,中央文献出版社2011年版,第139页。

新闻、卫生等各界团体组成"民主主义大同盟"。

四是决定加入共产国际,参加国际无产阶级的反帝统一战线。《决议案》指出,"中国共产党第二次全国代表大会完全承认第三国际之参加条件",决定加入共产国际,"成为国际共产党之中国支部"。1922年初,共产国际在莫斯科召开远东各国共产党及民族革命团体第一次代表大会,列宁希望国共两党实现合作,勉励中国工人阶级和革命群众加强团结,推动中国革命向前发展,这一主张与1922年大会的精神高度一致。

中共二大统一了全党在统一战线问题上的认识,改变了党的一大关于不同其他党派建立任何联系的规定,为建立民主联合战线、推动国共合作奠定了思想理论基础,在党的统一战线发展史上具有开创性的重要地位和意义,是党的统战工作的起源和肇始。"以后,随着中国革命运动的深入发展,在各个历史阶段基于统一战线的任务、性质和范围及参加的对象有所变化,统一战线的名称也在经常更替"。①

中共二大召开后不久,中国共产党加大了与国民党合作的步伐,相继派出李大钊、陈独秀与孙中山等国民党领导人商谈国共两党合作问题。1922年8月举行的杭州西湖会议,党中央讨论了共产党人以个人名义加入国民党的问题。经共产国际协调,国共两党合作的意愿逐渐一致。

1923年6月,中共三大讨论全体共产党员加入国民党问题,并决定帮助孙中山改组国民党。中共三大通过的《关于国民运动及国民党问题的决议案》,作出执行"共产国际执行委员会决议中国共产党须与中国国民党合作,共产党党员应加入国民党"的决定,以"党内合作"的方式和原则实现国共联合共事。决议强调:"我们加入国民党,但仍旧保存我们的组织,并须努力……扩大我们的组织,谨严我们的纪律,以立强大的群众共产

---

① 许良廷:《统一战线入门》,上海人民出版社1987年版,第28页。

党之基础。"① 1924年中国国民党第一次全国代表大会的召开，标志着国共首次合作的实现和国民革命运动的开始，国民革命统一战线由此正式形成。这次大会通过了《中国国民党第一次全国代表大会宣言》《中国国民党章程》《组织国民政府之必要案》等重要议案。大会正式承认共产党员、社会主义青年团员以个人资格参加国民党。大会提出了民主革命的新纲领，确立了联俄、联共、扶助农工的三大政策。特别是孙中山重新解释了三民主义，使旧三民主义发展为具有反帝反封建内容的新三民主义。新三民主义同共产党的民主革命时期政治纲领的基本原则是一致的，因此成为国共合作的共同纲领。"这次大会实际上成为革命高涨的起点。"②

一部分共产党员经选举成为国民党中央委员会委员和候补中央委员，不少共产党员担任了国民党中央的组织部、农民部和工人部的实际领导职务。以后，在各省普遍建立的国民党党部中，也有很多共产党员担任主要负责人。同时，由于共产党人的积极努力，国民党在工农民众中也有很大的发展。在谋求国家独立、民主、统一、富强和在国民革命的共同目标下，国共两党携手共进，联合了工人、农民、小资产阶级和民族资产阶级，1925年5月，以五卅运动为起点，掀起了全国范围内的大革命高潮。这次国民运动，"比之以往任何一次革命，包括辛亥革命和五四运动，群众的动员程度更为广泛，斗争的规模更加宏伟，革命的社会内涵更加深刻"③。

2. 国共首次合作的功绩及其破裂。

国共首次合作取得了伟大的历史功绩：第一，镇压广州商团

---

① 中央档案馆编：《中国共产党第二次至第六次全国代表大会文件汇编》，人民出版社1981年版，第59、60页。

② 许良廷：《统一战线入门》，上海人民出版社1987年版，第33页。

③ 谭锐：《中国共产党统一战线理论与实践形式研究》，西南财经大学出版社2012年版，第63页。

叛乱和两次东征的胜利,巩固发展了广东根据地。第二,创办了黄埔军校,为国民革命培养了大批高级军事指挥人才,并创立了新的革命武装。第三,创办了广州农民运动讲习所,为全国培养了大批农民运动的干部,推动了农民运动的大发展。第四,对两党本身的发展壮大和工农运动的发展,都起了极大的推动作用。第五,进行北伐,占领了长江流域和黄河流域的大部分,打败了北洋军阀政府。毛泽东评价第一次国共合作时,讲到:"中国的革命,自从一九二四年开始,就由国共两党的情况起着决定的作用。由于两党在一定纲领上的合作,发动了一九二四年至一九二七年的革命。孙中山先生致力国民革命凡四十年还未能完成的革命事业,在仅仅两三年之内,获得了巨大的成就,这就是广东革命根据地的创立和北伐战争的胜利。这是两党结成了统一战线的结果。"① 可以看出,第一次国共合作的实现,体现了中国共产党统一战线策略的正确运用和伟大胜利。

然而,轰轰烈烈的大革命还是失败了。处于幼年时期的中国共产党还不懂得组建自己武装力量的重要性,虽然在政治工作上占优势,但是直接指挥的军队比较少。所以,当蒋介石发动屠杀共产党人和工农革命群众的反革命事变时,共产党人无力反击。尤其是,党的领导人犯了严重的右倾机会主义错误,放弃了对统一战线的领导权,在统一战线中对资产阶级右翼只讲联合,不敢斗争,一味地妥协退让,其结果必然是导致统一战线的破坏和革命的失败。②

1926年1月召开的国民党二大、3月的"中山舰事件"、5月国民党二届二中全会的整理党务案,蒋介石步步紧逼,共产党则在政治上、军事上、党务上一味迁就避让。1927年四一二反

---

① 《毛泽东选集》第二卷,人民出版社2008年版,第364页。
② 谭锐:《中国共产党统一战线理论与实践形式研究》,西南财经大学出版社2012年版,第64页。

革命政变和七一五反革命政变发动，标志着第一次国共合作的统一战线正式破裂。

（二）土地革命战争时期：工农民主统一战线

在整个土地革命战争时期，中国共产党领导的统一战线的基本队伍，主要是工人阶级、农民阶级和动摇的城市小资产阶级。所以，土地革命战争时期的统一战线，被称为工农民主统一战线。

1. 巩固工农联盟。

1923年6月，中共三大通过的《农民问题决议案》提出了联合小农、佃农和雇工的要求。1924年，中共四大首次明确提出工农联盟问题，肯定农民是工人阶级天然的同盟者。同年5月，全国第二次劳动大会通过《工农联合的决议案》，指出引导农民参加民主革命，与农民建立巩固的联盟，以此当作民主革命胜利的保证。

南昌起义打响了武装起义的第一枪，1927年8月7日，中共中央在汉口召开紧急会议，确定了实行土地革命和武装起义的总方针。八七会议对统一战线的经验教训作了总结，强调统一战线工作方针必须根本改变。一是把着力点放在发动工农上，"与工会农会建立密切的关系。指导他们，使党的工作重心转移到这方面去"。二是必须把工人运动和农民武装暴动相结合，实现"工农民权独裁"的政权目标。三是必须保持"共产党自己独立的政治面貌"。八七会议把党的工作方向转移到发动工农群众上来，对建立工农民主统一战线具有重要的指导作用。

八七会议后，相继爆发了秋收起义、广州起义和其他许多地方的革命武装暴动。尤其是1927年毛泽东领导的湘赣边界秋收起义，在起义失败后，转移到敌人力量薄弱的井冈山地区，开创工农武装割据的局面。建立了湘赣边界第一个红色政权——茶陵县工农兵政府。1928年，朱德、陈毅领导的湘南起义和南昌起义部分部队在井冈山胜利会师，正式组建了工农红军，巩固了全国第一个农村革命根据地。

1928年,毛泽东主持召开湘赣边界党的第一次代表大会,讨论了发展党的组织、深入开展土地革命、巩固和扩大红军和建立革命根据地等任务,并建立了湘赣边界统一的工农兵苏维埃政府。在同年党的第二次代表大会决议中,毛泽东进一步总结井冈山斗争的经验,提出了"工农武装割据"的思想。毛泽东在代表红四军前敌委员会写给中央的报告中指出,工农武装割据的存在和发展,还需要具备以下条件:有很好的群众;有很好的党;有相当力量的红军;有便利于作战的地势;有足够给养的经济力。① 实行武装斗争、土地革命和建立革命政权三位一体的武装割据思想,解决了工农联盟的核心问题,以此展开的革命实践,即是中国共产党领导的工农民主统一战线的实际开端。"中国新民主主义革命中工农联盟的这种形式,是对马克思主义工农联盟思想的新发展。"②

1928年6月18日至7月11日,中国共产党第六次全国代表大会在莫斯科召开。党的六大集中解决了当时困扰党的两大问题:一是在中国社会性质和革命性质问题上,指出现阶段的中国仍是半殖民地半封建社会,引起中国革命的基本矛盾一个也没有解决,现阶段的中国革命依然是资产阶级性质的民主主义革命。二是在革命形势和党的任务问题上,明确了革命处于低潮,党的总路线是争取群众,党的中心工作不是千方百计地组织暴动,而是做艰苦的群众工作,积蓄力量。这两个重要问题的解决,基本上统一了全党思想,对克服党内存在的"左"倾情绪,实现工作的转变,起了积极的作用。

1930年,中共中央政治局会议通过李立三的《新的革命高

---

① 中共中央文献研究室、中央档案馆:《建党以来重要文献选编(1921—1949)》第五册,中央文献出版社2011年版,第738页。
② 中共中央统战部编:《中国共产党统一战线史》,华文出版社2017年版,第37页。

潮与一省或几省首先胜利》，制定了以武汉为中心的全国中心城市起义和集中全国红军进攻中心城市的"左"倾冒险计划，使党和革命事业遭受严重损失。9月，中共中央根据共产国际关于中国问题决议案的精神召开了扩大的党的六届三中全会，纠正"立三路线"的错误，会议制定了建立下层统一战线的方针，指出，在一切斗争尤其是日常部分要求的斗争之中，中国共产党应当和非共产党的一般下层群众团结起来实行斗争，独立的去领导他们的运动，使这些运动都走到苏维埃政权的总口号之下来。①

统一战线把工人、农民和士兵群众作为革命的基本力量，为深入开展土地革命，巩固工农联盟，壮大工农红军和扩大革命根据地政治和理论基础。这一时期，统一战线的性质是"反封建压迫、反国民党统治的工农民主的民族统一战线"。②

2. 争取文化界和国民党左派。

在文化界，大革命失败后，一批党和党所影响的文化工作者陆续聚集上海。他们在新开辟的革命的思想文化阵地上，展开了英勇的战斗。1929年下半年，在中共中央宣传部之下成立中央文化工作委员会，由潘汉年负责，统一领导这方面的工作。1930年，由党内外作家参加的中国左翼作家联盟（以下简称"左联"）在上海正式成立。随后，中国社会科学家、戏剧家、美术家、教育家联盟（以下分别简称"社联、剧联、美联、教联"）以及电影、音乐小组等左翼文化团体也相继成立。10月，各左翼文化团体又共同组成中国左翼文化总同盟（以下简称"文总"）。这支左翼文化新军在党的领导下，积极从事马克思主义宣传和革命文艺创作等活动，兴起了一个很有声势和实力的左翼文化运动。左翼文化运动对中国近代思想文化发展进程所作出的

---

① 中共中央文献研究室、中央档案馆：《建党以来重要文献选编（1921－1949）》第七册，中央文献出版社2011年版，第475页。

② 《周恩来选集》上卷，人民出版社1980年版，第207页。

历史功绩,特别是在国民党统治区人民中传播进步思想、促进抗日救亡运动所起的作用,是不可磨灭的。左翼文化运动不仅取得辉煌的成就,而且锻炼出一支坚强的战斗队伍,许多人后来成为党在思想理论界和文艺界的领导骨干。

在军事方面,中华民国时期爱国将领冯玉祥、吉鸿昌等人于1933年5月26日在张家口建立了抗日同盟军,又称察绥抗日同盟军。1933年四五月,日军越过长城,进逼平津,并侵占察哈尔省(今分属内蒙古自治区和河北省)多伦、沽源等地。蒋介石坚持不抵抗政策,准备与日军签订停战协定。冯玉祥接受中国共产党的建议和帮助,于5月26日在张家口通电成立民众抗日同盟军,任总司令,先后响应的加入者七八万人,同盟军接受中共河北省前线工作委员会的指导。

1936年5月,沈钧儒、章乃器、陶行知、邹韬奋等人发起组织全国各界救国联合会,5月31日至6月1日,全国各界救国联合会成立大会在上海举行。大会听取了上海、南京、天津等地救国会和平津中华民族解放先锋队代表的报告,通过了《全国各界救国联合会成立大会宣言》《抗日救国初步政治纲领》《全国各界救国联合会章程》,申明全国各界救国联合会是一个全国统一的联合救国阵线,以团结全国救国力量,统一救国方针,保障领土完整,图谋民族解放为宗旨。

(三)抗日战争时期:抗日民族统一战线

随着全面抗战的爆发,中日矛盾成为中国社会的主要矛盾,国内阶级关系发生变化,抗日成为中国各阶级的首要任务,"这就在中国共产党和中国人民面前提出了建立抗日民族统一战线的任务。"[①]

1. 化敌为友:抗日救国与国共第二次合作。

1935年10月,以中华苏维埃政府和中国共产党中央委员会

---

① 《毛泽东选集》第一卷,人民出版社2008年版,第253页。

共同署名发表了《为抗日救国告全体同胞书》,文件标注日期为8月1日,即为《八一宣言》。在这之前的1935年7~8月间,共产国际第七次代表大会召开。大会强调,根据国际形势的发展,应在无产阶级统一战线的基础上建立广泛的反法西斯人民战线。共产国际的七大报告指出,中国共产党必须联合中国境内所有愿意为救国救民而真正斗争的有组织的队伍。为建立一个反对日本帝国主义及其中国代理人的非常广泛的统一战线而斗争。[①] 在共产国际新政策的影响下,中共驻共产国际代表团结合国内迫切的形势,适时地调整了自己的政策。《八一宣言》经过集体酝酿讨论,由王明执笔起草,经斯大林和季米特洛夫审查同意,发表于巴黎《救国报》。《八一宣言》建议一切愿意参加抗日救国的党派、团体、名流学者、政治家和地方军政机关进行谈判,共同成立国防政府,在国防政府领导下,一切抗日军队组成统一的抗日联军。中华苏维埃共和国政府和中国共产党愿意做国防政府的发起人,工农红军首先加入抗日联军,以尽抗日救国的天职。宣言最后提出了抗日救国十大纲领。

1935年12月17日,中共中央在陕西安定县瓦窑堡召开了政治局扩大会议(又称"瓦窑堡会议"),会议通过了以《八一宣言》具体内容和政治主张为基础的《中央关于目前政治形势与党的任务决议》。决议指出,党的策略路线是发动、团结与组织全中国全民族一切革命力量去反对当前主要的敌人——日本帝国主义。决议还提出了与之相适应的十大行动纲领。瓦窑堡会议结束后,毛泽东根据会议精神于12月27日在党的活动分子会议上作了《论反对日本帝国主义的策略》的报告,进一步阐明了中共抗日民族统一战线的策略思想。党的《八一宣言》、瓦窑堡会议决议和会后毛泽东同志作的《论反对日本帝国主义的策略》的报告,是一个互相联系的整体,它们使党的抗日民族统一战线

---

① 《季米特洛夫选集》,人民出版社1953年版,第102页。

的理论系统化。

1936年4月25日,中共中央发表《为创立全国各党各派的抗日人民阵线宣言》,第一次把国民党列入抗日统一战线的对象。1936年8月12日,中共中央发出《关于今后战略的方针》,提出"请蒋抗日"的口号。25日,又发表了《中国共产党致中国国民党书》,提议在抗日的大目标下,实行国共两党的第二次合作。这是中共中央第一次发表主张实行第二次合作的正式文件。①

1936年9月1日和17日,中共中央先后发出《关于逼蒋抗日问题的指示》和《关于抗日救国运动的新形势与民主共和国的决议》,明确提出将"抗日反蒋"口号改为"逼蒋抗日"方针。10月,中共中央起草了《国共两党抗日救国草案》,进一步提出了建立第二次国共合作的一系列重要原则,奠定了第二次合作的政治基础。

1936年12月12日,张学良、杨虎城发动了西安事变。12月23日,张学良、杨虎城同宋子文、宋美龄进行谈判,周恩来作为中共中央全权代表参加谈判。经过两天的谈判,最后达成六项条件:(1)改组国民党和国民政府,驱逐亲日派,容纳抗日分子;(2)释放上海爱国领袖,释放一切政治犯,保证人民的自由权利;(3)停止"剿共"政策,联合红军抗日;(4)召集各党各派各界各军的救国会议,决定抗日救亡方针;(5)与同情中国抗日的国家建立合作的关系;(6)实行其他具体的救国办法。西安事变的和平解决,十年内战的局面基本结束,在抗日的前提下,国共两党实行第二次合作已成为不可抗拒的大势。

2. 七七事变:抗日民族统一战线最终确立。

1937年七七事变后,国共两党实现全面合作,共同抗日。

---

① 中共中央统战部:《中国共产党统一战线史》,华文出版社2017年版,第70页。

1937年2月中旬到7月中旬，中共代表周恩来、叶剑英、林伯渠等在西安、杭州、庐山等地同国民党政府举行会谈。

1937年7月8日，中共中央发出《为日军进攻卢沟桥通电》，号召全国人民团结起来，筑成民族统一战线的坚固长城。7月15日，中国共产党将《中共中央为公布国共合作宣言》交于国民党，提出发动全民族抗战、实行民主政治和改善人民生活三项基本要求，重申中共为实现国共合作的四项保证。

8月22日，根据国共两党达成的协议，国民政府正式宣布：由原西北主力红军，即中国共产党领导的中国工农红军一、二、四方面军改编而成国民革命军第八路军。随后，南方八省的游击队也被改变为国民革命军新编第四军。

8月22日至25日，中共中央在陕北洛川召开政治局扩大会议，即洛川会议。会议通过了《中共中央关于目前形势与党的任务决定》，毛泽东指出，必须坚持抗日民族统一战线中的独立自主原则，一定要实行党对抗战的领导，依靠人民群众，实行全面抗战，反对片面抗战、反对妥协退让，民族革命战争才能获得彻底胜利。会议通过了《关于目前形势与党的任务的决定》《抗日救国十大纲领》和毛泽东起草的《为动员一切力量争取抗战胜利而斗争》。洛川会议是中国共产党在历史转折关头召开的一次重要会议，它明确了中国共产党在抗日战争时期的主要任务，从而为全党和全国人民指明了斗争方向，为争取抗日战争的伟大胜利奠定了基础。

9月22日国民党中央通讯社发表了《中共中央为公布国共合作宣言》。次日，蒋介石发表谈话，指出团结御侮的必要，实际上承认了中国共产党的合法地位。

从反蒋抗日、逼蒋抗日到联蒋抗日，经过半年多艰难的谈判，以《中共中央为公布国共合作宣言》和蒋介石谈话的发表为标志，抗日民族统一战线正式形成。抗日民族统一战线，"既是中国共产党统战理论政策的经验总结，又是它的继续、丰富和发展"。①

1938年9月中共中央召开了扩大的六届六中全会，六届六中全会通过的《关于各级党委暂行组织机构的决定》规定，在区委以上各级党委之下设立统一战线工作部，1939年1月5日，中央书记处会议决定"组织中共中央统一战线工作部"，由王明负责，至此，中共中央统战部正式成立。②

（四）中坚力量的集聚

随着抗日民主统一战线的建立，各民主党派也开始纷纷开展活动，成立完善自身组织。在1939年12月，中共中央发出《组织进步力量，争取时局好转的指示》（以下简称《指示》），要求全党"更加认真的根据巩固和扩大抗日民族统一战线政策去组织全国一切进步力量。"《指示》指出，当前组织工作的第一个对象，是"争取国民党中的进步领袖，保有革命传统的老同盟会员，愿意坚持抗战与团结的很多国民党军官、很多中下层干部"，帮助他们开展同妥协、动摇、反共的投降派反对分子的斗争，"逐渐组成国民党的左派力量"。③ 1939年秋冬，各个抗日党派如中国青年党、国家社会党、第三党、救国会、中华职业教育社、乡村建设派等三党三派和部分无党派人士张澜等发起成立了统一建国同志会，使中间党派和部分无党派人士实现了初步结合。1941年3月19日，中国民主政团同盟成立大会在重庆上清寺特园召开，会议通过了《中国民主政团同盟政纲》《敬告政府与国人》《中国民主政团同盟简章》。大会推举黄炎培、张澜等13人

---

① 姚龙井、李根基、许世英：《中国共产党统一战线史（新民主主义革命时期）》，山西人民出版社1991年版，第257页。
② 中共中央统战部编著：《中国共产党统一战线史》，中共党史出版社、华文出版社2017年版，第108页。
③ 转引自中共上海市委统战部研究室、中共上海市委党校党史研究室：《风雨同舟——中国共产党同民主党派团结合作的历史道路》，百家出版社1990年版，第34页。

为中央执行委员，并推黄炎培为中央常务委员会主席，左舜生为总书记，章伯钧为组织部长、罗隆基为宣传部长。二十年后，民盟领导人罗隆基回忆道："1941年我在昆明创办民盟支部的时候，共产党在昆明的地下党是予以全力支持的。那时候共产党地下党员在重庆已经参加了民盟，他特地来昆明的云南大学教书，实际上他到昆明来，是来帮助民盟发展工作的。不久，共产党员李文宜也到昆明来进行妇女工作。昆明的民盟支部后来发展得比较好，成了当时昆明学生运动的推动力量，实际上这是共产党地下党组织对民盟工作的支持和鼓励的结果。民盟在昆明的情况是这样，民盟在西南和西北的各城市中能够得以成立和发展，情况都是如此。"① 1945年7月初，民盟的领导成员和无党派爱国人士黄炎培、褚辅成、冷遹、左舜生、章伯钧、傅斯年为调节国共关系，促成国共两党恢复谈判，去延安访问，会见了毛泽东、周恩来、朱德、林伯渠等中共中央领导人。回来后，黄炎培发表了《延安归来》一书。

中国民主建国会筹备会于1945年11月28日成立，推举黄炎培、胡厥文、章乃器、胡西园、孙起孟、施复亮等15人为筹备干事，积极开展筹备活动。12月16日，中国民主建国会成立大会在重庆举行。中国民主促进会于1945年12月30日在上海召开第一次会员大会，宣告成立。三民主义同志联合会简称"民联"，当时是以国民党内一部分爱国民主人士组成的民主党派。"民联"起源于1943年召开的民主同志座谈会。1945年10月28日，民联在重庆召开了第一次全体会议，会议通过了《政治主张》《第一次全体会议决议案》和《临时组织章程》等文件，主张以孙中山的革命三民主义为最高原则，"民主团结，和平建国"。中国国民党民主促进会简称"民促"，于1946年3月20日

---

① 中共上海市委统战部研究室、中共上海市委党校党史研究室：《风雨同舟——中国共产党同民主党派团结合作的历史道路》，百家出版社1990年版，第38页。

在广州成立,并通过了《中国国民党民主促进会章程》。九三学社于1946年5月4日在重庆成立,通过了《基本主张》和《成立宣言》,要求实施民主与宪政,一切问题以和平民主的方式解决。中国人民救国会简称"救国会",前身是抗日战争爆发前在上海成立的全国各界抗日救国联合会。1942年,救国会集体加入中国民主政团同盟,并停止单独活动。抗日战争胜利后,为了适应形势需要,全救会于1945年在重庆召开大会,决定将全救会改为中国人民救国会,其宗旨为"团结国人建设独立自由幸福的民主的新中国"。1946年2月,总部搬到了上海,在重庆、香港等地成立执行委员会,1947年5月,在上海召开一届二中全会,决定公开活动。抗战后期主要参加民盟活动的民主解放行动委员会,在1945年11月发表时局宣言,主张国共两党立即停止军事行动,迅速召开政协会议,成立民主联合政府。1947年1月解放行动委员会在上海召开第四次全国干部会议,决定把党的名称改为中国农工民主党,选举中央执行委员会25人、中央监察委员15人。1946年,因太平洋战争一度停止活动的中国致公党也开始恢复活动,提出了整顿党务和加入中共为领导的人民民主统一战线的主张。在中共的帮助下,经过艰苦细致的筹备工作,于1947年5月在香港召开了致公党第三次代表大会,回顾总结了党的历史过程,讨论了时局和形势,修改了党的章程,一致通过了《大会宣言》《告海外同胞书》等文件,决议加入以中共领导的人民民主统一战线,为中国政治真正民主化而奋斗到底。1947年11月,台湾民主自治同盟成立。1947年夏天,在香港的台湾籍人士谢雪红、杨克煌、苏新等人,发起成立台湾民主自治同盟。经过一段时间酝酿,在中共的支持帮助下,于1947年11月12日正式成立,并于12月1日在香港《华商报》公布了《台湾民主自治同盟纲领》《台湾民主自治同盟规程》《成立文告》等文件。

  随着抗日战争胜利后暂时和平局面的出现,中国共产党的力量空前壮大,而各民主党派也逐步活跃起来。这些民主党派,成为中国共产党坚持和平反对内战、反对国民党一党专政的重要团结力量。

这一时期的抗日民主统一战线跟1924~1927年间的国共合作有很多差别,其中之一就是这一时期的统一战线保持一定的独立性,诚如塞尔登指出的,最重要的是中国共产党有较大的独立性,突出表现在控制自己的军队①。八路军和新四军名义上归国民政府控制,实际采用国民党的盟友方式独立行动。

(五) 解放战争时期:人民民主统一战线

在世界反法西斯战争和中国抗日战争接近最后胜利的前夜,1945年4月至6月,中国共产党在延安召开了第七次全国代表大会,周恩来作了《论统一战线》的重要发言。党的七大确立了毛泽东思想在全党的指导地位,"关于革命统一战线的理论和政策"是毛泽东思想的重要内容,并从党的政治路线、党的纲领、总路线的战略高度,阐述了中国革命统一战线问题,对全党提出了"统一战线是一门专门科学""我们要学会这一门科学"的要求。②

周恩来在《论统一战线》的专题发言中,回顾了抗日民族统一战线的形成和发展过程,总结了经验教训。周恩来强调,要建立一个巩固的新民主主义的统一战线,就是要认清敌人、队伍和司令官这三个问题。周恩来指出,"自从我们党提出抗日民族统一战线的主张,到去年提出联合政府的主张,有了发展,实际上是一个东西。联合政府就是抗日民族统一战线在政权上的最高

---

① [美] 马克塞尔登著,魏晓明、冯崇义译:《革命中的中国:延安道路》,社会科学文献出版社2002年版,第136页。
② 毛泽东:《在中国共产党第七次全国代表大会上的结论》(1945年5月31日),引自中共中央文献研究室、中央档案馆编:《建党以来重要文献选编》(1921-1945)第二十二册,中央文献出版社2011年版,第523页。

形式。"① 周恩来指出，领导权的问题，是统一战线中最集中的一个问题。右的是放弃领导权，"左"的是把自己孤立起来，成了"无兵司令""空军司令"。可以说右倾是把整个队伍送出去，"左"倾是把整个队伍推出去。②

1. 两党有限合作。

抗日战争胜利后，中国共产党人主张团结一切爱国民主人士，建设独立、自由、民主、统一、富强的新中国。1945年8月25日，中国共产党决定毛泽东、周恩来、王若飞去重庆，同蒋介石进行和平谈判。1945年8月26日，中共中央向党内发出毛泽东起草的《中共中央关于同国民党进行和平谈判的通知》，进一步说明国内斗争沿着和平方向发展的可能性和坚持统一战线原则的必要性。该通知指出，在内外压力下，可能在谈判后出现国民党有条件地承认我们党地位，我们党亦有条件地承认国民党的地位，造成两党合作（加上民主同盟等）、和平发展的新阶段。强调坚持统一战线策略原则，又团结，又斗争，以斗争之手段，达团结之目的，有理有利有节；利用矛盾，争取多数，反对少数，各个击破等项原则，必须坚持，不可忘记。③

谈判从1945年8月28日开始，到10月10日结束，历时43天。国共两党于10月10日签订了《双十协定》，并公开发表。双方协议：必须共同努力，以和平、民主、团结、统一为基础；长期合作，坚决避免内战，建设独立、自由和富强的新中国。重庆谈判的举行和会谈纪要的发表，表明了国民党方面"承认了中

---

① 周恩来：《论统一战线》，《周恩来选集》上卷，人民出版社1980年版，第190页。
② 周恩来：《论统一战线》，《周恩来选集》上卷，人民出版社1980年版，第220页。
③ 《中共中央关于同国民党进行和平谈判的通知》（1945年8月26日），引自中共中央文献研究室、中央档案馆编：《建党以来重要文献选编（1921－1949）》第二十二册，中央文献出版社2011年版，第659页。

共的地位""承认了各党派的会议"。① 《双十协定》签订后的第二天，毛泽东回到延安。他在 10 月 11 日召开的中共中央政治局会议上评价道：这个东西，第一个好处是采取平等的方式，双方正式签订协定，这是历史上从未有过的。第二，达成协议的六条，都是有益于人民的。11 月 17 日，毛泽东在延安干部会上作报告说，谈判的结果，国民党承认了和平团结的方针。国民党再发动内战，他们就在全国和全世界面前输了理，我们就更有理由采取自卫战争，粉碎他们的进攻。② 毛泽东针对一些人提出的"国共两党一定谈判不好，一定要打仗，一定要冲突"指出，这只是事情的一个方面，事情还有另外一个方面。这里主要有三个因素：解放区的强大，大后方人民的反对内战和国际形势。③

1946 年 1 月 10 日，国共两党正式达成停战协定，双方发布停战令，政治协商会议在重庆开幕。会议开到 1 月 31 日结束，历时 22 天，出席会议的代表 38 人，其中国民党 8 名，共产党 7 名，民主同盟 9 名，青年党 5 名，无党派社会贤达 9 名。政协会议的中心议题是政治民主化和军队国家化问题。为了能够达成协议，周恩来在 1 月 12 日大会上所做的《关于国共会谈的经验教训》的报告中提出了具体意见：要互相承认，不要敌视；要互相商量，不要独断；要互相让步，不要独霸；要互相竞赛，不要抵消。强调这都是九年来国共双方商谈中得出的痛苦经验和教训，诚恳希望在这次政治协商会议上能够避免。④ 1946 年 1 月 31 日，会议通过了政府组织案、国民大会案、和平建国纲领、军事问题

---

① 《一年来的谈判及前途》（1946 年 12 月 18 日），《周恩来选集》上卷，人民出版社 1980 年版，第 252、253 页。

② 《关于重庆谈判》（1945 年 10 月 17 日），《毛泽东选集》第四卷，人民出版社 1991 年版，第 1159 页。

③ 《关于重庆谈判》（1945 年 10 月 17 日），引自中共重庆市委党史工作委员会、重庆市政协文史资料研究委员会、红岩革命纪念馆编：《重庆探案纪实（1945 年 8 月－10 月）》，重庆出版社 1983 年版，第 301 页。

④ 中共中央统战部编著：《中国共产党统一战线史》，中共党史出版社、华文出版社 2017 年版，第 137 页。

案、宪法草案等五项协议。这些决议是中国共产党联合其他民主党派和社会贤达共同努力的结果。

1946年6月26日,国民党进攻中原解放区,接着又大举进攻华东、晋冀鲁豫、晋绥、东北等解放区,全面内战爆发,此次国共合作结束。

1947年2月1日,中共中央举行政治局扩大会议,讨论通过了毛泽东起草的《迎接中国革命的新高潮》:"解放区人民解放军的胜利和蒋管区人民运动的发展,预示着中国新的反帝反封建斗争的人民大革命毫无疑义地将要到来,并可能取得胜利"。① 由于1947年10月27日,国民党当局公然宣布民主同盟为非法团体,强调"对此不承认国家宪法企图颠覆政府之非法团体,不能坐视不理",各地治安机关,"对于该盟及及其分子一切活动,自应依据妨害国家总动员惩戒暂行条例及'后方共产党处置办法严加取缔',以遏乱盟,而维治安"。② 在此形势下,1947年11月6日,民盟主席张澜发表《中国民主同盟被迫发表解散公告》,通告指出:"中国民主同盟向以民主和平团结为一贯之主张,不幸战争愈演愈烈,同人处此惟有痛心,更无为国服务之余地。故近政府宣布民盟为非法团体,禁止活动,同人已不能活动,当经公推黄常委炎培代表同人自沪赴京,与政府洽商善后事宜",通告盟员"自即日起一律停止政治活动,本盟总部同人即日起总辞职,总部亦即日解散"③。11月7日,张澜又以个人身份发表声明,通告全体民主同盟盟员"停止政治活动,并宣布民盟总部

---

① 《迎接中国革命的新高潮》(1947年2月1日),引自《毛泽东选集》第4卷,人民出版社1991年版,第1212页。
② 《国民党政府宣布民盟为非法团体》(1947年10月27日),引自中国民主同盟中央文史资料委员会编:《中国民主同盟历史文献》,文史资料出版社1983年版,第360页。
③ 《中国民主同盟被迫发表解散公告》(1946年11月6日),引自中国民主同盟中央文史资料委员会编:《中国民主同盟历史文献》,文史资料出版社1983年版,第355~356页。

解散",但表示他个人"对国家之和平民主统一团结之信念,及为此而努力之决心,绝不变更",并呼吁全体盟员"站在忠诚国民之立场,谨守法律范围,继续为国家之和平、民主、统一、团结而努力"①。

2. 提出人民民主统一战线。

为了全面制定党的行动纲领,1947年12月,中共中央在陕北米脂县杨家沟召开扩大会议,毛泽东作了《目前形势和我们的任务》的报告,这个报告与1948年1月毛泽东为中共中央起草的决定草案《关于目前党的政策中的几个重要问题》,全面阐述了党关于人民民主统一战线的方针和政策。

第一,没有最广泛的统一战线,就没有革命的胜利。毛泽东指出,联合工农兵学商各被压迫阶级、各人民团体、各民主党派、各少数民族、各地华侨和其他爱国分子,组成民族统一战线,打倒蒋介石独裁政府,成立民主联合政府。这就是人民解放军的,也是中国共产党的最基本的政治纲领。我们的新民主主义革命的统一战线,现在比过去任何时期都要广大,也比过去任何时期都要巩固。这件事,不但同我们的土地政策和城市政策相联系,而且同人民解放军的胜利,同蒋介石由进攻转入防御,人民解放军由防御转入进攻,中国革命已经进入新的高潮时期。现在,人们看到了蒋介石统治的灭亡已经不可避免,因而将希望寄托在中国共产党和人民解放军身上,这是很自然的道理。中国新民主主义的革命要胜利,没有一个包括全民族绝大多数人口的最广泛的统一战线,是不可能的。不但如此,这个统一战线还必须是在中国共产党的坚强领导之下。

第二,联合执政。毛泽东指出,在乡村,是雇农、贫农、中

---

① 《中国民主同盟主席张澜在民盟总部解散后的声明》(1947年11月7日),引自中国民主同盟中央文史资料委员会编:《中国民主同盟历史文献》,文史资料出版社1983年版,第361页。

农和其他劳动人民联合一道，在共产党领导之下打江山坐江山，而不是单独贫雇农打江山坐江山。在全国，是工人，农民（包括新富农），独立工商业者，被反动势力所压迫和损害的中小资本家，学生、教员、教授、一般知识分子，自由职业者，开明绅士，一般公务人员，被压迫的少数民族和海外华侨，联合一道，在工人阶级（经过中国共产党）的领导之下，打江山坐江山，而不是少数人打江山坐江山。①

第三，党领导统一战线。毛泽东指出：没有中国共产党的坚强领导，任何革命统一战线也是不能胜利的。②领导的阶级和政党，要实现自己对于被领导的阶级、阶层、政党和人民团体的领导，必须具备两个条件：（1）率领被领导者（同盟者）向着共同敌人作坚决的斗争，并取得胜利；（2）对被领导者给以物质福利，至少不损害其利益，同时对被领导者给以政治教育。没有这两个条件或两个条件缺一，就不能实现领导。③

第四，开辟了第二战场，即大城市的统战工作。1946年2月1日，中共中央发出指示，要求把党的工作推进到一切大城市去。3月，进一步指示各地党组织，选派一批适宜的干部到大城市去开展职工、学生、青年及妇女运动并进行统战工作。同年12月2日，中央书记处会议专门研究国民党统治区的工作，并决定改组中共中央城市工作部，由周恩来兼任部长，李维汉任副部长，确定城市工作的职责为：在中央规定的方针下，研讨与经管蒋管区的一切工作（包括工、农、青、妇），并训练这一工作的干部。部内分党务、统战、农村、文教、顽军五组。同时还规定，各中央局、中央分局和各区党委均设城工部，并对其工作范

---

① 《关于目前党的政策中的几个重要问题》（1948年1月8号），引自《毛泽东选集》第四卷，人民出版社1991年版，第1268~1269页。
② 《目前形势和我们的任务》（1947年12月25日），引自《毛泽东选集》第四卷，人民出版社1991年版，第1257页。
③ 《关于目前党的政策中的几个重要问题》（1948年1月8号），引自《毛泽东选集》第四卷，人民出版社1991年版，第1273页。

围、内部分工和相互关系等作出规定。党对国民党统治区工作的加强，有力推动了国民党统治区以反对美蒋为中心的人民运动的迅速兴起。①1947年2月1日召开的中共中央政治局扩大会议，周恩来提出蒋管区的人民运动是"第二战场"，第一次把蒋管区人民对国民党统治集团的斗争，提高到了同解放战争相配合的战略地位。

3. 召开新政治协商会议。

1948年3月28日至5月1日，国民党在南京举行"行宪国大"，会议通过了《动员戡乱时期临时条款》，大会选举蒋介石和李宗仁为"总统""副总统"。这激起了国统区爱国民主运动的兴起，使民主党派和无党派人士更多地站到共产党一边，反对国民党反动统治。

1948年"五一"国际劳动节来临之际，毛泽东决定用发布口号的方式进一步表达中共召开政治协商会议、成立联合政府的主张。4月30日，中共中央书记处扩大会议通过《中国共产党中央委员会发布纪念"五一"劳动节口号》，其中第五条号召：各民主党派、各人民团体、各社会贤达迅速召开政治协商会议，讨论并实现召集人民代表大会，成立民主联合政府！②"五一口号"发出后，立即得到各民主党派、各人民团体、海外华侨团体和无党派民主人士的热烈响应。5月5日，在香港的各民主党派同时向全国同胞发出《响应中共"五一"号召的通电》，对此表示拥护。

为适应筹备召开新政治协商会议，1948年9月26日，中共中央决定将中央城市工作部改名为中央统一战线工作部，管理国民党统治区工作、国内少数民族工作、政权统战工作、华侨工作

---

① 中共中央统战部编著：《中国共产党统一战线史》，中共党史出版社、华文出版社2017年版，第147页。

② 中共中央统战部编著：《中国共产党统一战线史》，中共党史出版社、华文出版社2017年版，第164页。

第一章　统一战线的演进

及各个兄弟党的联络工作。①

1949年6月15日至19日，新政协筹备会举行第一次全体会议，会议通过了《新政治协商会议筹备会组织条例》《关于参加新政治协商会议的单位及其代表名额的规定》，以及新政协筹备会常务委员会名单。

9月17日，新政协筹备会第二次全体会议审议并基本通过由各小组分头起草的新政协组织法草案、共同纲领草案、政府组织法草案等各项文件草案，并将新政协定名为中国人民政治协商会议（以下简称"人民政协"）。

在发起召开新政协会议之时，中共中央提出起草和通过一部各民主阶级、各民主党派、各民族、各人民团体一致遵守的共同纲领。中央统战部成立后，即着手组织人民政协共同纲领的起草工作。1948年10月27日形成第一稿，名为《中国人民民主革命纲领（草案）》。②1949年9月21日至30日，中国人民政治协商会议第一届全体会议在北平隆重举行。9月27日，会议一致通过了四项决议案：（1）中华人民共和国的国都定于北平，改名为北京；（2）中华人民共和国的纪年采用公元，当年为1949年；（3）在中华人民共和国的国歌正式制定之前，以《义勇军进行曲》为国歌；（4）中华人民共和国的国旗为五星红旗，象征共产党领导下的中国革命人民大团结。会议代行了全国人民代表大会的职权，并于27日和29日先后通过了具有临时宪法性质的《中国人民政治协商会议共同纲领》（以下简称"共同纲领"）和《中国人民政治协商会议组织法》《中华人民共和国中央人民政府组织法》等具有划时代意义的重要文献。

统一战线的发展进入了新的历史阶段。

---

① 中共中央统战部编著：《中国共产党统一战线史》，中共党史出版社、华文出版社2017年版，第169页。

② 中共中央统战部编著：《中国共产党统一战线史》，中共党史出版社、华文出版社2017年版，第171页。

二、社会主义革命和建设时期

从新中国建立到党的十一届三中全会召开前，属于社会主义革命与建设时期。新中国成立后，中国共产党的地位发生了根本性变化，从一个局部执政的政党转变为全国范围内执政的政党。这一时期统一战线的发展大致可划分为三个阶段：从新中国成立到1956年底，是中华人民共和国成立后统一战线的第一个黄金时代；1957～1966年"文化大革命"开始前是统一战线曲折发展的阶段；1966～1976年粉碎"江青集团"，这是统一战线经历动乱的十年。

关于1949年到改革开放期间统一战线制度的发展，主要涉及两个方面：一是统一战线的性质功能；二是民主党派的地位、作用和党派关系。

（一）社会主义改造时期

在社会主义革命和建设时期，人民民主统一战线自觉服从服务于人民民主专政的巩固、国民经济的恢复发展、党在过渡时期的总路线的贯彻执行，成功地完成了对资本主义工商业的社会主义改造，为社会主义革命和建设做出了历史性贡献。

这一时期统一战线的发展也可以分为两个阶段：一个是中国人民政治协商会议（以下简称"人民政协"）代行全国人民代表大会职权时期；另一个是全国人民代表大会召开之后。也就是说，在这一时期，政协的性质发生了根本性的变化。1954年前，是作为国家权力机关性质的统一战线；1954年之后，是党派性的机关。围绕民主党派的存废，政协的功能的讨论，统一战线制度得到了进一步的巩固发展。

第一章 统一战线的演进

1. 统一战线长期存在。

1950年3月16日至4月中旬,第一次全国统战工作会议在北京召开。中央统战部部长李维汉作了《人民民主统一战线的新形势与新任务》的报告,其主要内容包括7个方面:一是明确新中国成立后,统一战线已经发生了历史性变化,其主要任务是争取尽可能多的力量,为实现《共同纲领》,为稳步地实现中国共产党在新时期的历史任务而奋斗;二是阐述人民民主统一战线内部的阶级关系和中国共产党对中间阶级、中间力量的基本政策。指出无论在政治上还是经济上,对民族资产阶级都必须执行既团结又斗争,斗争是为了团结的方针。在目前,要特别注意同民族资产阶级搞好经济上的合作,以巩固政治上的合作;三是阐明新中国成立后,国内民族关系已从压迫与被压迫的关系转变为平等互助的关系。但民族间的矛盾还没有完全消除,解决民族间一切问题的关键是实行民族区域自治政策;四是人民团体、民主党派、人民民主政权机关和政治协商机关都是统一战线工作的重要环节;五是阐明民主党派的性质、作用和中共对民主党派的基本方针政策。各民主党派都是阶级联盟的性质,不是单一阶级的政党。……这就说明了它们基本上都是民主主义性质的政党;六是人民政权机关与人民政治协商机关,是统一战线工作的中心环节,统一战线是党的总路线和总政策的重要一部分,它贯彻到党所领导的工作的各个方面,必须全党上下一致努力,才能做好这一工作。在1950年召开的党的七届三中全会上,毛泽东同志作了《不要四面出击》的政治报告,报告指出:"全党要认真地、谨慎地做好统一战线工作。要在工人阶级领导下,以工农联盟为基础,团结小资产阶级及民族资产阶级"。① 1954年的第一届全国人民代表大会通过的《中华人民共和国宪法》(以下简称《宪法》)以《共同纲领》为基础并在此基础上进行了发展。《宪法》

---

① 《毛泽东选集》第五卷,人民出版社1977年版,第21~24页。

阐明:"我国人民在建立中华人民共和国的伟大斗争中已经结成以中国共产党为领导的各民主阶级、各民主党派、各人民团体的广泛的人民民主统一战线。今后在动员和团结全国人民完成国家过渡时期总任务和反对内外敌人的斗争中,我国的人民民主统一战线将继续发挥它的作用。"

1956年召开的中共八大,再次阐明了人民民主统一战线存在和发展的重要性和必要性。① 毛泽东指出,我们胜利的获得,是依靠了工人阶级领导的工农联盟,并且广泛地团结了一切可能团结的力量。为了进行伟大的建设工作,在我们的面前,摆着极为繁重的任务。虽然我们有一千多万党员,但是在全国人口中仍然只占极少数。在我们的各个国家机关和各项社会事业中,大量的工作要依靠党外的人员来做。如果我们不善于依靠人民群众,不善于同党外的人员合作,那就无法把工作做好。在我们继续加强全党的团结的时候,我们还必须继续加强各民族、各民主阶级、各民主党派、各人民团体的团结,继续巩固和扩大我们的人民民主统一战线,必须认真地纠正在任何工作环节上的任何一种妨害党同人民团结的不良现象。

2. 作为统一战线的组织形式,中国人民政治协商会议应该长期存在。

周恩来在人民政协第一届全体会议召开前向代表做报告时指出:"中国人民政治协商会议是一个包含了工人阶级、农民阶级、城市小资产阶级、民族资产阶级和一切爱国民主人士的统一战线组织。既然是这样一个组织,就不应该开一次会议就结束,而应该长期存在。"② 党中央的意见得到与会代表的普遍赞同,一致

---

① 中共中央统战部编著:《中国共产党统一战线史》,中共党史出版社、华文出版社2017年版,第258页。

② 《关于人民政协的几个问题》,引自政协全国委员会办公厅、中共中央文献研究室:《人民政协重要文献选编》(上),中央文献出版社、中国文史出版社2009年版,第35页。

同意写进共同纲领。具有宪法作用的共同纲领正式明确："中国人民政治协商会议为人民民主统一战线的组织形式。"1954年之后，毛泽东指出，人民代表大会（以下简称"人大"）是权力机关，有了人大，并不妨碍我们成立政协进行政治协商。各党派、各民族、各团体的领导人物一起来协商新中国的大事非常重要。宪法草案就是经过协商讨论使得它更为完备的。人大的代表性当然很大，但它不能包括所有的方面，所以政协仍有存在的必要。①

1956年，中共八大正确地分析了社会主义改造基本完成以后，中国阶级关系和国内主要矛盾的变化。"社会各阶级状况发生了重大变化，对立的阶级之间的对抗性矛盾已经不再是国内的主要矛盾，知识分子的绝大多数已经变成工人阶级的一部分，原来的资产阶级分子正在开始由剥削者向劳动者方面转化，各民主党派也由于社会基础的变化，而朝着各自所联系的那一部分劳动者政党方面转化。"②

3. 明确人民政协的性质。

早在1949年，经过毛泽东亲自审定的《共同纲领》和《政协组织法》规定，政协第一届全体会议虽然代行全国人民代表大会的职权，但其本身仍然是人民民主统一战线组织③。新中国成立后，由于人民政协是个新事物，党内外一些同志、特别是地方上的同志，对政协的统一战线组织形式性质认识不清。针对这些问题，全国政协召开全国省市政协秘书长会议进行了研究，并于1951年7月印发了《关于各省市各界人民代表会议协商委员会工作的意见》，进一步明确："协商委员会是各民主党派、人民

---

① 毛泽东：《关于政协的性质和任务的谈话提纲》，引自中共中央文献研究室：《建国以来毛泽东文稿》第4册，中央文献出版社1990年版，第633~634页。
② 许良廷：《统一战线入门》，上海人民出版社1987年版，第93~94页。
③ 政协全国委员会办公厅，中共中央文献研究室：《人民政协重要文献选编（上）》，中央文献出版社、中国文史出版社2009年版，第56、80页。

团体和民主人士的政治协商机关，又是经过各民主党派、人民团体和民主人士去团结各民主阶级的统一战线组织。""协商委员会不是政权机关，也不是政府的隶属机关，而是协商、建议机关，它对政府的关系是协商、建议和协助政府联系人民推动工作的关系。""在同各民主党派和人民团体关系上，协商委员会不是它们的领导机关，而是它们的协商和团结合作的机关。""协商委员会与中共统一战线工作部之间，也是协商和团结合作的关系。"

1954年后，就政协的性质毛泽东进一步强调指出，政协不能搞成国家机关，因为人大和国务院是国家权力机关和国家管理机关，如果把政协也搞成国家机关，那就成为二元了，这样就重复了，分散了，民主集中制就讲不通了。

政协不仅是人民团体，而且是各党派的协商机关，是党派性的机关。毛泽东强调，这并不等于不重视它，而恰好是重视它。共产党就是党派，也不是国家权力机关，但它的价值并不因此而有所降低。① 毛泽东也强调指出，政协的任务，一是协商国际问题，如对外发表宣言，反对侵略，保卫和平等；二是协商候选名单；三是提意见；四是调整关系。

4. 确立了中共和民主党派的关系原则。

中共同各民主党派关系的基本原则是：既要在政治上和思想上以《共同纲领》为准则团结他们共同奋斗，同时又必须在组织上尊重它们的独立性，推动和帮助它们逐步前进；指出工会、农会、青联、妇联等各种人民团体的性质、任务和组织形式各有不同，但都负有统一战线工作的任务；指出各级人民政权机关和协商机关是统一战线的中心环节，政权机关统战工作的主要内容是建立共产党与党外人士合作的正确关系，要同党外人士沟通政

---

① 李维汉：《建国以来十五年统战工作的回顾与再认识》，引自《回忆与研究》（下），中共党史资料出版社1986年版，第620页。

策思想，使党外人士有职有权；提出要在全党加强统战政策的宣传教育，克服关门主义和敷衍主义、迁就主义倾向；明确统战部门的主要职责是了解情况、掌握政策、安排人事、调整关系。

5. 明确了民主党派的性质、作用和功能。

民主党派的性质包括三个方面：（1）民主党派是政党，但不同于西方政党。各个民主党派，不论名称叫什么，仍然是政党，都有一定的代表性。但不能用英国、美国政党的标准来衡量它们。它们是从中国的土壤中生长出来的。①（2）民主党派在人民民主统一战线中起着相当重要的作用。（3）民主党派得适度发展。周恩来指出，民主党派可以发展，也有发展前途，但不可能发展得很大。② 1950 年 10 月，周恩来代表中共中央向各民主党派提出了发展成员的建议，1951 年初，第二次全国统战工作会议专门讨论了帮助民主党派发展的问题，毛泽东提出，民主党派的发展对象主要应是中上层代表人物，因为这些人物代表性大，作用大、影响大。1952 年 6 月，党中央批准了第三次全国统战工作会议制定的《关于民主党派工作的决定》，确立了注重吸收中上层有代表性人物的各民主党派发展方针。到了 1953 年初，各民主党派在国内的总数达到了 3.2 万余人，较 1950 年底增加了近两倍。③

这一时期是统一战线发展的关键时期，无论是作为国家权力机关性质，还是随后的党派性机关，统一战线的存废、性质，民主党派的性质，各党派的关系，在经过讨论后基本上被确立下来。今天来看，社会主义改造时期的统一战线、人民政协、民主

---

①② 《发挥人民民主统一战线积极作用的几个问题》（1950 年 4 月 13 日），引自中共中央统一战线工作部、中共中央文献研究室编：《周恩来统一战线文选》，人民出版社 1984 年版，第 171、172 页。

③ 中共中央统战部编著：《中国共产党统一战线史》，中共党史出版社、华文出版社 2017 年版，第 210 页。

党派的性质，基本上沿袭下来，成为中国特色政治制度以及国家治理体系的重要组成部分。

（二）社会主义建设探索时期

1956年底社会主义改造基本完成以后，中国转入大规模的社会主义建设时期，党对社会主义建设道路进行了艰辛探索，取得了重大成就；与此同时，由于党对社会主义建设的经验不足，出现了"左"倾错误，经历了曲折的发展，统一战线也在探索总结中曲折前行。

1956年4月25日，毛泽东在中央政治局扩大会议上作《论十大关系》的报告，在5月2日又向最高国务会议作了报告。报告在谈到党和非党的关系时提出，必须按照长期共存、互相监督的方针，继续加强同各民主党派和无党派民主人士的合作，并且充分发挥人民政治协商会议和各级协商机构的作用。在一切政府机关、学校、企业和武装部队中，共产党员都必须负责建立起同党外工作人员合作共事的良好关系。

1957年4月，在社会主义改造基本完成、社会主义建设即将全面展开的历史转折关头，中共中央发出《关于整风运动的指示》。

这本是发扬社会主义民主，加强党的建设的正常步骤。广大群众、党外人士和广大党员积极响应党中央的号召，对党和政府的工作以及党员干部的作风提出了许多有益的批评、建议。5月4日，中共中央发出《关于继续组织党外人士对党政所犯错误缺点展开批评的指示》，得到了热烈的回应。但也确有极少数资产阶级右派分子乘机向共产党和新生的社会主义制度发动猖狂进攻，妄图取代共产党的领导。

针对这种情况，1957年5月毛泽东撰写了《事情正在起变化》一文，要求认清阶级斗争形势，注意右派的进攻。6月8日，中共中央发出《关于组织力量准备反击右派分子进攻的指示》。同日,《人民日报》也发表了《这是为什么?》的社论。从此,开始了大规模的反击右派的斗争。

整风运动以后对李维汉的错误批评,造成了统战工作思想的极大混乱,在民主党派和无党派人士中引起了很大的震动。"把这种批判推向全国,更使不少统战、民族、宗教干部受到株连、迫害,造成了大批冤假错案,使党的统一战线工作遭受到严重损失。"①

(三)"文化大革命"时期

1966年开始的"文化大革命",是一场由领导者错误发动,被反革命集团利用,给党、国家和各族人民带来了严重灾难。统一战线遭到严重破坏,在运动初期受到严重冲击。在毛泽东、周恩来等党的领导人的关注和维护下,统一战线没有被取消,但人民政协、各民主党派、各人民团体及有关统一战线组织都遭到了破坏,在运动后期得到了部分恢复。1976年10月,党中央粉碎"四人帮",结束了"文化大革命",挽救了党和社会主义,挽救了党的统一战线事业。

以1966年5月中央政治局扩大会议和同年8月党的八届十一中全会召开为标志,"文化大革命"全面发动。党的八届十一中全会通过了由中央文革小组起草、经毛泽东审定的《中国共产党中央委员会关于无产阶级文化大革命的决定》,改组了中央领导机构,全会公报号召全党和全国人民把"文化大革命"进行到底。

在此期间,各民主党派、各人民团体和各界爱国人士也遭遇不公正待遇。民主党派从中央到地方的各级领导机关全部停止了活动,组织遭到了摧残。各民主党派成员,特别是其领导人,被

---

① 中共中央统战部编著:《中国共产党统一战线史》,中共党史出版社、华文出版社2017年版,第302页。

加以诬陷和迫害。①

"文化大革命"期间,中国共产党的党派政策、民族政策、宗教政策和侨务政策等都受到很大的破坏,给统战工作造成了极其恶劣的后果。

统战部被宣布为"反革命修正主义司令部"而接受军管,干部下放"五七"干校,统战工作处于停顿状态。1966年8月25日,各民主党派中央、全国工商联机关分别贴出公告,自即日起停止办公。民主党派的各级地方组织也被迫停止了活动。人民政协机构被戴上了"投降主义""修正主义"的帽子,政协全国委员会机关从1966年8月30日被迫停止办公,各地政协组织也普遍受到了冲击,事实上停止了活动。

然而,在极端困难时期,中国共产党的一些领导人仍为维护统一战线,保护党外人士做出了贡献。1966年国庆节,毛泽东在天安门城楼对李宗仁说:"红卫兵把全国政协、民主党派封了,但政协还是要的,民主党派还是要的。"② 10月3日,周恩来对来自各地的红卫兵说,政协还是要的,毛主席还是政协名誉主席,我还是主席呐!③ 同年10月24日,毛泽东在召集中央政治局部分成员、各中央局负责人开会时指出:"民主党派还是要,政协也还是要,要同红卫兵讲清楚。"④ 1968年10月,在党的八届十二中全会上,毛泽东再次提出"统一战线、政协还是要"的观点。

直到1976年粉碎"江青集团","文化大革命"宣告结束,特别是中共十一届三中全会的召开,经全面拨乱反正,统一战线

---

① 许良廷:《统一战线入门》,上海人民出版社1987年版,第98页。
② 中共中央文献研究室编:《毛泽东年谱(1949—1976)》第六卷,中央文献出版社2013年版,第2页。
③ 王邦佐主编:《中国共产党统一战线史》,上海人民出版社1991年版,第559页。
④ 中共中央文献研究室编:《毛泽东年谱(1949—1976)》第六卷,中央文献出版社2013年版,第7页。

第一章 统一战线的演进

三、改革开放以来：爱国统一战线

从党的十一届三中全会召开以来，统一战线的性质即可定性为爱国统一战线。这一阶段将把时间截至党的十八大以前。党的十八大以来的统一战线的最新发展，将在本书第二章展开论述。

（一）统一战线逐步恢复、发展

"文化大革命"结束后，统一战线工作逐步恢复起来。以党的十一届三中全会为标志，党和国家进入改革开放新时期，统一战线工作进入了一个新阶段，统一战线步入第二个黄金时代。1979年、1981年两次全国统战工作会议确定了新时期统一战线的方针、任务，在指导思想上完成了拨乱反正，实现了历史转折。

1977年2月，全国政协在北京饭店举行了已经中断了十几年的春节联欢会，中共中央领导人叶剑英、李先念、邓颖超、乌兰夫、廖承志等与各民主党派领导人和无党派人士一起，共同庆祝粉碎"四人帮"后的第一个春节。1977年10月15日，中共中央发出召开五届人大和五届政协会议的通知。通知指出：在当前形势下，进一步发展革命统一战线，更好地调动党内外一切积极因素，团结一切可以团结的力量，对于我们在党中央领导下，把我国建设成为社会主义的现代化强国，具有重大意义。

1977年12月27日至29日，中国人民政治协商会议第四届全国委员会常务委员会第七次扩大会议在北京举行，中共中央副主席、全国政协副主席叶剑英在讲话中指出，建国28年来，统战工作成绩是巨大的，各民主党派是作出了贡献的。统一战线是中国革命的一个法宝，中国统一战线的理论和实践，是我们的一项宝贵财富，我们要继承下来，发扬光大。

1978年2月,中国人民政治协商会议第五届全国委员会第一次会议在北京隆重举行,这次会议是政协全国委员会在停止活动10年之后召开的首次会议。大会一致通过了《中国人民政治协商会议章程》和《中国人民政治协商会议第五届全国委员会第一次会议决议》(以下简称《决议》)。《中国人民政治协商会议章程》重申了人民政协是中国共产党领导下的革命统一战线组织性质;《决议》号召全国各界在党中央领导下,进一步清除"江青集团"的流毒和影响,发扬社会主义民主,调动一切积极因素,发展革命统一战线,加强全国各族人民大团结。1992年,邓小平南方谈话和中共十四大的召开,标志着改革开放和社会主义现代化建设进入了新的发展阶段。爱国统一战线以邓小平建设有中国特色社会主义的理论为指导,围绕建立社会主义市场经济体制、"一国两制"方针的贯彻实施,充分调动各界人士的积极性、主动性和创造性,开创了新局面。

1. 明确新时期统一战线的性质是爱国统一战线。

1979年1月,邓小平在中央政治局听取全国统战工作会议情况汇报时明确指出:现阶段的统一战线可以提革命的爱国统一战线。统一战线的性质,就是劳动者和爱国者的联盟。同时提出"统一战线的对象,清楚得很,顾名思义,是把一切能够联合的都联合起来,范围以宽为宜,宽有利,不是窄有利。"统一战线的一个重大任务是统一祖国,"现在可以提第三次国共合作。"①1979年6月15日至7月2日,全国政协五届二次会议在北京举行,中共中央副主席、全国政协主席邓小平在会上致开幕词《新时期的统一战线和人民政协的任务》。邓小平指出,我国统一战线已经成为工人阶级领导的、工农联盟为基础的社会主义劳动者和拥护社会主义的爱国者的广泛联盟。

---

① 中共中央文献研究室编:《邓小平年谱(1975-1997)》(上),中央文献出版社2004年版,第549页。

1979年8月15日至9月4日，第十四次全国统战工作会议在北京举行，这是自1963年后相隔16年又召开的全国统战工作会议，此次会议着重解决了新时期统一战线的性质、范围和任务等几个主要问题。

爱国统一战线是爱国者的统一战线联盟。一是确定了现阶段统一战线应是革命的爱国的统一战线。这不是一般名称的变动，而是反映了国内阶级状况和整个形势的根本变化。正如邓小平指出的，现在最大的统一战线，是台湾回归祖国、统一祖国的问题。革命的爱国的统一战线，就是劳动者与爱国者的联盟。二是明确了新时期革命的爱国的统一战线是一个全体社会主义劳动者和一切爱国者（包括拥护社会主义的爱国者和拥护祖国统一的爱国者）的非常广泛的联盟。它除了社会主义的工人、农民、知识分子和其他拥护社会主义的爱国者外，还包括一切热爱祖国、赞成祖国统一的人，即使不赞成社会主义制度的人，也要团结。三是明确了新时期统一战线担负着为四个现代化和统一祖国服务的双重任务。①

1981年6月，党的十一届六中全会通过的《关于建国以来党的若干历史问题的决议》明确指出：一定要毫不动摇地团结一切可以团结的力量，巩固和扩大爱国统一战线。这个重要决议改变了"文化大革命"以来使用多年的"革命统一战线"的提法，正式将新时期统一战线明确地称为"爱国统一战线"，其原因是：一方面，爱国统一战线的提法有利于更广泛地团结一切可以团结的力量，即凡是热爱我们伟大祖国的集体和个人都可以、都能够加入统一战线中来，从而进一步扩大了统一战线的范围。另一方面，这种提法既不会影响在政治上比爱国者更进步的集体和个人加入统一战线，也不会因此减弱统一战线的革命意义。

---

① 中共中央统战部编著：《中国共产党统一战线史》，中共党史出版社、华文出版社2017年版，第347~348页。

党的十一届六中全会后，统一战线被称为爱国统一战线。这种称谓的确定，使新时期统一战线在社会主义和爱国主义基础上的团结更加广泛。

1982年第五届全国人大一次会议通过新修订的《中华人民共和国宪法》指出："在长期的革命和建设过程中，已经结成由中国共产党领导的，有各民主党派和各人民团体参加的，包括全体社会主义劳动者、拥护社会主义爱国者和拥护祖国统一的爱国者的广泛的爱国统一战线，这个统一战线将继续巩固和发展。"同月召开的全国政协第五届五次会议通过的《中国人民政治协商会议章程》在总纲开宗明义地表达了"最广泛的爱国统一战线"，并申明"中国人民政治协商会议是中国人民爱国统一战线的组织"。

1981年12月21日至1982年1月6日，第十五次全国统战工作会议召开。会议指出，有两个统一战线，一个是国际范围的反霸统一战线，另一个是国家范围内的爱国统一战线。随着爱国统一战线的广泛发展，统战工作的范围越来越宽广，统战工作的对象越来越多。统战工作对象大体可以归纳为十个方面：各民主党派；无党派知名人士，其中主要是爱国人士；非党的知识分子干部；起义和投诚的原国民党军政人员；原工商业者；少数民族的上层人物；爱国的宗教领袖人物；去台湾人员留在大陆的家属和亲友；台湾同胞和港澳同胞；归国侨胞和海外侨胞。

1990年6月11日至15日，第十七次全国统战工作会议在北京召开，会议形成了《中共中央关于加强统一战线工作的通知》（以下简称《通知》）。《通知》指出，坚持和发展统一战线是党的一项坚定不移的战略方针，"统一战线过去是、现在是、今后仍然是我们党的一大法宝，不是可以削弱，而是必须加强，不是可以缩小，而是必须扩大。只要阶级还没有最后消灭，只要我们党还存在,就必须有我们党领导的广泛的统一战线。"①《通知》强调,领导权问题是统一战线最根本的问题,实现党对统一战线的领导,要依靠党的正确路线和政策,及广大党员的先锋模范作用,团结党外人士为实现共同任务而奋斗;维护国家稳定是压倒一切的大事,必须坚持和完善中国共产党领导的多党合作和政治协商制度,坚决抵制政治多元化,必须巩固和发展平等团结、互助发展的社会主义新型民主关系,必须团结依靠宗教界的爱国力量,挫败国内外敌对势力的阴谋活动;要充分发扬社会主义民主,密切联系党外人士,创造团结民主和谐的气氛;爱国统一战线汇聚着各方面的代表人士和大批中高级知识分子、专家学者,要开展以经济建设为中心、以服务为宗旨的各项活动,努力为四化建设、改革开放服务;要认真贯彻落实统一战线的各项政策;要积极培养和选拔党外干部,同他们建立良好的合作共识关系。《通知》要求,全党重视做统一战线工作。②

2. 完善统一战线各领域的方针政策。

第一,明确了知识分子是工人阶级的一部分。1978年3月和4月间,中共中央和国务院先后召开了全国科学大会和全国教育工作会议。邓小平在讲话中再次重申,我国的知识分子绝大多数已经是工人阶级和劳动人民自己的知识分子,已经是工人阶级的一部分,是我们党的一支依靠力量,这就恢复了1956年和1962年党对知识分子阶级属性的正确判断。1978年10月至11月,中央组织部(以下简称"中组部")分批召开了落实知识分子政策座谈会。11月3日,中组部发出了《关于落实党的知识分子政策的几点意见》,客观分析了中国知识分子的状况,指出目前中国知识分子队伍已经发生了一系列根本的变化,已经成为

---

①② 《中共中央关于加强统一战线工作的通知》(1990年7月14日),引自中共中央统一战线工作部、中共中央文献研究室编:《新时期统一战线文献选编》(续编),中共中央党校出版社1997年版,第248~263页。

工人阶级的一部分。现有的知识分子，90%以上是新中国成立后中国自己培养起来的，70%以上出身于劳动人民家庭，即使是从旧社会过来的知识分子，经过长期教育和历次政治运动的锻炼，也有了很大的进步。因此，新中国成立初期提出的对知识分子"团结—批评—团结"的方针已经不适用了。对知识分子要做好复查和平反冤假错案的工作，要充分信任，放手使用，使他们有职、有权、有责，政治上要关心知识分子，要努力改善知识分子的工作条件和生活条件，更好地发挥他们的作用。1978年4月5日，中共中央批转中央统战部、公安部《关于全部摘掉右派分子帽子的请示报告》提出，现在全部摘掉右派分子帽子是必要的，有利于调动一切积极因素，把消极因素转化为积极因素，为社会主义服务……切实做好对摘掉右派帽子的人的工作安置。

第二，进一步做好侨务工作。1977~1978年，邓小平多次谈论侨务工作。1977年9月29日下午，他在会见到北京参加国庆活动的华侨、华人、台港澳同胞旅行团部分成员时说：现在，侨务工作提到日程上来了，准备恢复过去的侨务机构。10月2日，邓小平又指出，什么"海外关系"复杂不能信任，这种说法是反动的。"江青集团"胡说什么"地、富、反、坏、侨"，把华侨同"地、富、反、坏"并列起来。这种错误政策一定要纠正过来，要做大量工作，进行政策教育，全国执行。中央已下了这个决心。对愿意出去的人，不要搞得那么紧，继承遗产、娶亲等，都可以出去。回来的也欢迎。并且邓小平强调，我们现在不是海外关系太多，而是太少。海外关系是个好东西，可以打开各方面的关系。①

1977年11~12月，全国侨务工作会议预备会议在北京举行，会议注重讨论了如何正确对待"海外关系"的问题。会议提出，

---

① 中共中央文献研究室编：《邓小平年谱（1975－1997）》（上），中央文献出版社2004年版，第211、214~215页。

建议中央成立侨务工作办公室,作为国务院直属机构,在归侨、侨眷较多的省、市、区建立相应机构,恢复全国侨联组织,在适当时候召开全国侨务工作会议。1978年1月,中共中央转发了外交部党组《关于全国侨务工作会议预备会议的情况通报》,要求各地认真讨论并贯彻执行。该文件指出,中国华侨人数众多,遍及全世界,侨务工作是党的一项重要工作,做好侨务工作,对国内外都有重大意义。对侨眷(包括有外籍亲属的中国公民)、归侨应一视同仁、不得歧视,根据特点、适当照顾的政策,团结广大华侨、归侨,充分调动他们的积极性,为实现"四化"建设作出贡献。同月,国务院侨务办公室正式成立,廖承志任主任。

第三,始终坚持民族区域自治制度,做好民族工作和宗教工作。1984年全国人大根据宪法的规定,制定了《中华人民共和国民族区域自治法》,标志着我国民族区域自治制度的实行进入了一个新时期。改革开放以来,党中央还恢复了民族工作机构与民族工作政策,并全面推动宗教政策的落实,恢复开放了宗教活动场所。1982年3月31日,《关于我国社会主义时期宗教问题的基本观点和基本政策》以中央文件下发,从12个方面阐述了党对宗教问题特别是社会主义时期宗教问题的基本观点和基本政策。1992年1月14日至18日,党中央、国务院在北京召开了改革开放以来第一次中央民族工作会议。江泽民在讲话中提出了20世纪90年代民族工作的主要任务:一是加快少数民族地区经济发展,逐步与全国的发展相适应;二是大力发展少数民族地区的社会事业,促进各民族的全面进步;三是坚持改革开放,不断增强少数民族和民族地区的自我发展活力;四是坚持与完善民族区域自治制度,全面贯彻落实民族区域自治法;五是进一步加强民族的大团结,坚决维护祖国的统一。①

第四,提出"和平统一、一国两制"方针。

20世纪70年代末期,国际国内形势发生了一些重要变化。1971年,第26届联合国大会将台湾当局逐出联合国及其所属机构,中华人民共和国恢复了在联合国的一切合法权利。1978年,中国共产党召开十一届三中全会,首次以"台湾回到祖国怀抱,实现统一大业"代替了"解放台湾"的提法,为制定新的对台方针政策奠定了思想理论基础。

1979年1月,中华人民共和国全国人民代表大会常务委员会发表《告台湾同胞书》,郑重宣告了中国政府和平解决台湾问题的大政方针,呼吁两岸就结束军事对峙状态进行商谈。表示在实现国家统一时,一定"尊重台湾现状和台湾各界人士的意见,采取合情合理的政策和办法"。

1979年12月,中央对台工作领导小组成立。1988年9月,国务院系统成立了国务院台湾事务办公室。1991年4月,国务院台湾事务办公室与中央对台工作机构合并,成立中共中央台湾工作办公室、国务院台湾事务办公室,两个机构合署办公,一个机构、两块牌子。

1981年9月,全国人民代表大会常务委员会委员长叶剑英发表谈话,进一步阐明解决台湾问题的九条方针政策(以下简称为"叶九条"),其中就包括"国家实现统一后,台湾可作为特别行政区,享有高度的自治权",②并建议由两岸执政的国共两党举行对等谈判。1982年1月,中国领导人邓小平就叶剑英的上述谈话指出,这实际上就是"一个国家、两种制度",在国家实现统一的大前提下,国家主体实行社会主义制度,台湾实行

---

① 中共中央统战部编著:《中国共产党统一战线史》,中共党史出版社、华文出版社2017年版,第449页。

② 转引自中共中央统战部、中共中央党校、国家行政学院、中央社会主义学院编著:《中国统一战线教程》,中国人民大学出版社2013年版,第251页。

资本主义制度。1983年6月,邓小平进一步发挥了关于实现台湾与大陆和平统一的构想,指出,问题的核心是祖国统一。他还就两岸统一和设置台湾特别行政区问题,阐明了中国政府的政策。

第五,中华全国工商联实现新老交替。1993年10月,中华全国工商联第七届会员代表大会召开,会议通过了新的工商联章程,选举产生了新的领导机构,在实现新老交替方面迈出了重大一步。1997年,中华全国工商联第八届会员代表大会召开,会议通过修改后的工商联章程,将工商联的性质明确为:中国共产党领导的中国工商界组成的人民团体和民间商会,是党和政府联系非公有制经济人士的桥梁和纽带,是政府管理非公有制经济的助手。①

3. 完善了多党合作和政治协商制度。

中国共产党领导的多党合作和政治协商制度是我国的一项基本政治制度,是建设有中国特色社会主义民主政治的重要内容。1987年党的十三大报告将"共产党领导的多党合作和政治协商制度"列为政治体制改革的一项重要内容。1993年3月,第八届全国人大一次会议通过的宪法修正案将"中国共产党领导的多党合作和政治协商制度将长期存在和发展"写入宪法序言,成为全国人民的共同意志。

1989年12月31日,《中共中央关于坚持和完善中国共产党领导的多党合作和政治协商制度的意见》以中央文件下发。1990年2月,中共中央公布了《中共中央关于坚持和完善中国共产党领导的多党合作和政治协商制度的意见》(以下简称《意见》),《意见》对我国的多党合作和政治协商制度的长期实践进行了深刻总结,明确了多党合作制度的指导思想、基本原则等。

第一,阐明了我国社会主义政党制度的性质、地位和特点。

---

① 《中共中央国务院致全国工商联八大的贺词》,载于《人民日报》1997年11月4日。

《意见》指出，中国共产党领导的多党合作和政治协商制度是我国一项基本政治制度，是符合中国国情的社会主义政党制度。我国实行的共产党领导、多党合作的政党体制是我国政治制度的特点和优点。它根本不同于西方资本主义国家的多党制或两党制，也有别于一些社会主义国家实行的一党制。它是马克思主义与中国革命和建设相结合的一个创造。

第二，提出了参政党的科学概念，并对多党合作的政治基础、基本方针作出了明确规定。《意见》指出，中国共产党是社会主义事业的领导核心，是执政党；各民主党派是各自所联系的一部分社会主义劳动者和一部分拥护社会主义爱国者的政治联盟，是接受中国共产党领导的，同中国共产党通力合作、共同致力于社会主义事业的亲密友党，是参政党。坚持中国共产党的领导，坚持四项基本原则，这是中国共产党同各民主党派合作的政治基础。中共对各民主党派的领导是政治领导，即政治原则、政治方向和重大方针政策的领导。中国共产党和各民主党派都必须以宪法为根本活动准则，负有维护宪法尊严、保证宪法实施的职责。民主党派享有宪法规定的权利和义务范围内的政治自由、组织独立和法律地位平等。

第三，规定了民主党派参政的基本点，确定了民主党派发挥监督作用的总原则。民主党派参政的基本点是：参与国家政权，参与国家大政方针和国家领导人选的协商，参与国家事务的管理，参与国家方针、政策、法律、法规的制定执行。发挥民主党派监督的总原则是：在四项基本原则的基础上，发扬民主，广开言路，鼓励和支持民主党派与无党派人士对党和国家的方针政策、各项工作提出意见、批评和建议，做到知无不言，言无不尽，并且勇于坚持正确的意见。

第四，确立了多党合作的基本方针。1956年社会主义改造完成之后，党的八大确立了中国共产党和民主党派"长期共存、互相监督"的基本方针。1982年党的十二大报告明确提出，我们党要继续坚持"长期共存、互相监督""肝胆相照、荣辱与共"的方针，加强同各民主党派、无党派爱国人士、少数民族人士和宗教界爱国人士的合作。1989年中共中央颁布的《关于坚持和完善中国共产党领导的多党合作和政治协商制度的意见》将十六个字并列，明确表述为"长期共存、互相监督、肝胆相照、荣辱与共"，是中国共产党同各民主党派合作的基本方针。① 十六字方针正式确立，是中国共产党领导的多党合作和政治协商制度的基本内涵，成为新时期中国共产党领导的多党合作和政治协商的基本方针和处理统一战线内部关系的重要准则。

1993年11月3日至7日，中共中央召开了第十八次全国统战工作会议。江泽民在讲话中指出，要充分认识新时期统战工作的重要性，努力使统战工作形成新的气势，开创新的局面。这种新气势、新局面，要体现在充分发挥统一战线中各界群众的爱国主义和社会主义的积极性、主动性、创造性之上，要体现在为我们党和政府广交朋友、广纳群言、广求善策之上。而最根本的是要促进集中各方面的力量把我国经济建设搞上去。②

统一战线工作是全党的工作，而不仅仅是统战部门的事。要把统一战线看成是党的总路线总政策的重要组成部分，把这个法宝牢牢地掌握起来，作为党委工作的重要一环。要高度重视民族工作和宗教工作。

李瑞环指出，爱国统一战线是实行广泛团结，凝聚人心，完成新时期总任务的基本保证；是多党合作，参政议政，发扬社会主义民主的有效形式；是协调关系，化解矛盾，维护社会稳定的积极力量；是体察民情，反映民意，密切党同群众联系的重要渠

---

① 《中共中央关于坚持和完善中国共产党领导的多党合作和政治协商制度的意见》（1989年12月30日），引自中共中央统一战线工作部、中共中央文献研究室编：《新时期统一战线文献选编（续编）》，中共中央党校出版社1997年版，第147页。

② 《巩固和发展最广泛的爱国统一战线》，引自中共中央文献研究室编：《江泽民论有中国特色社会主义（专题摘编）》，中央文献出版社2002年版，第341页。

道；是安排人事，合作共事，加强国家政权建设的必要途径；是联络友谊，沟通感情，促进实现"和平统一、一国两制"的桥梁纽带。

李瑞环还指出，要把有没有统战观念、懂不懂统战政策、会不会做统战工作，作为衡量领导主要领导干部政治素养、工作水平的一个重要标志。①

与此同时，改革开放以来，民主党派组织有了很大的发展，到1988年底，8个民主党派的成员，已经由1979年恢复活动时的65 000人，发展到291 000余人。民革、民盟、民建、民进、农工、九三均在全国各地建立了地方组织，致公党在14个省、区、市，台盟在11个省、区、市建立了地方组织。

（二）新世纪新发展

进入21世纪，社会的异质性和多样性日益明显，对统一战线最广泛团结提出了新的、更高的要求。统一战线存在和发展的客观基础更加坚实，这一时期统一战线出现了空前广泛性、巨大包容性、鲜明多样性、显著社会性的特征。

2000年12月，中共中央召开了第十九次全国统战工作会议，下发了《关于加强统一战线工作的决定》；2006年7月10日至12日，中央召开了第20次全国统战工作会议，并形成了《中共中央关于巩固和壮大新世纪新阶段统一战线的意见》。第20次全国统战工作会议强调，要把巩固和壮大统一战线，作为提高党的执政能力的一项重要任务，作为发展中国特色社会主义事业的一项重要任务，作为增强中华民族凝聚力的一项重要任务，摆在全党工作的重要位置，真正抓紧抓实抓好。

---

① 李瑞环：《在全国统战工作会议上的讲话》（1993年11月5日），引自中共中央统一战线工作部、中共中央文献研究室编：《新时期统一战线文献选编（续编）》，中共中央党校出版社1997年版，第607页。

第一章 统一战线的演进

这一时期的统一战线为全面建设小康社会、构建社会主义和谐社会做出了重要贡献。我们主要从地位和作用、任务和原则、范围与关系以及中国特色政党制度的判断标准等方面展开论述。

1. 进一步明确了新时期统一战线的地位作用、基本任务和重要原则。

党的统一战线与党所肩负的历史使命、阶段性任务密切相关,统一战线"作为党的一个重要法宝,绝不能丢掉;作为党的一个政治优势,绝不能削弱;作为党的一项长期方针,绝不能动摇。"① 2000年的《关于加强统一战线工作的决定》指出:实现第三步战略目标、发展社会主义民主、建设有中国特色社会主义文化、实现祖国完全统一离不开统一战线。2000年12月31日,中共中央发出《关于加强统一战线工作的决定》强调,统一战线是我们党的重要法宝,在21世纪实现民族振兴和祖国统一事业中,具有不可替代的重要作用。要适应新的历史条件下统一战线内部构成发生的深刻变化,以建设有中国特色社会主义为基础,实现大陆人民的团结;以促进香港澳门长期稳定繁荣发展和拥护祖国完全统一为基础,实现大陆同胞与港澳台同胞的团结;以促进中华民族伟大复兴为基础,实现海内外全体中华儿女的团结。要坚持党对统一战线的领导权,坚持大团结、大联合的主题,为党和国家的中心任务服务。2005年3月14日,十届全国人大三次会议审议颁布《反分裂国家法》。《反分裂国家法》是为了促进祖国和平统一、维护台湾海峡地区和平稳定、维护国家主权和领土完整、维护中华民族的根本利益,根据宪法制定的法律。

2006年的第20次全国统战工作会议强调要正确处理政党、民族、宗教、阶层、海内外同胞"五大关系"。胡锦涛指出,

---

① 《进一步开创统一战线工作的新局面》(2000年12月4日),引自《江泽民文选》第三卷,人民出版社2006年版,第143页。

"政党关系、民族关系、宗教关系、阶层关系、海内外同胞关系。这是政治领域和社会领域中涉及党和国家工作全局的一些重大关系,也是统一战线需要全面把握和处理的重大关系。"①

21世纪统战工作的基本任务是:高举爱国主义、社会主义旗帜,团结一切可以团结的力量,调动一切积极因素,化消极因素为积极因素,为建设有中国特色的社会主义的经济、政治、文化服务,为维护安定团结的政治局面服务,为实现祖国完全统一服务,为维护世界和平与促进共同发展服务。

21世纪统战工作的重要原则是:坚持党对统一战线的领导权,坚持为党和国家的中心任务服务,坚持大团结、大联合的主题,坚持发扬社会主义民主,坚持求同存异、体谅包容,坚持运用"团结—批评—团结"的共识,坚持照顾同盟者利益。

2. 进一步扩大了统一战线的工作对象:新社会阶层人士和党外代表人士。

改革开放以来出现的新社会阶层,主要集中分布在新经济组织、新社会组织中。他们作为中国特色社会主义事业的建设者,在促进共同富裕、构建社会主义和谐社会、全面建设小康社会中发挥着重要作用。

随着改革开放和社会主义市场经济的发展,社会的经济成分、经营方式、分配方式、就业方式等日益多元化、多样化,非公有制经济人士等的社会群体和社会阶层开始出现并快速发展。党的十四大明确了中国经济体制改革的目标是建立社会主义市场经济体制,并提出要以公有制包括全民所有制和集体所有制为主体,个体经济、私营经济、外资经济为补充,多种经济成分长期共同发展。党的十五大把"以公有制为主体、多种所有制经济共

---

① 胡锦涛:《在全国统战工作会议上的讲话》(2006年7月10日),引自中共中央文献研究室编:《十六大以来重要文献选编》(下),中央文献出版社2008年版,第548页。

同发展"作为中国社会主义初级阶段的一项基本经济制度,确认"非公有制经济是中国社会主义市场经济的重要组成部分。对个体、私营等非公有制经济要继续鼓励、引导,使之健康发展"。1999年3月,第九届全国人民代表大会第二次会议通过了《中华人民共和国宪法修正案》,明确规定"在法律规定范围内的个体经济、私营经济等非公有制经济,是社会主义市场经济的重要组成部分"。

改革开放以来,我国的社会阶层构成发生了新的变化,出现了民营科技企业的创业人员和科技人员、受聘于外资企业的管理技术人员、个体户、私营企业主、中介组织的从业人员、自由职业人员等社会阶层。"不能简单地把有没有财产、有多少财产当作判断人们政治上先进和落后的标准,而主要应该看他们的思想政治状况和现实表现,看他们的财产是怎么得来的以及对财产怎么支配和使用,看他们以自己的劳动对中国特色社会主义事业所作的贡献。"[①] 私营企业主等新的社会阶层作为"中国特色社会主义事业的建设者",成为统一战线的重要组成部分。2004年,第十届全国人大二次会议通过的宪法修正案对统一战线的表述明确为:在长期的革命和建设过程中,已经结成由中国共产党领导的,有各民主党派和各人民团体参加的,包括全体社会主义劳动者、社会主义事业的建设者、拥护社会主义的爱国者和拥护祖国统一的爱国者的广泛的爱国统一战线,这个统一战线将继续巩固和发展。[②]

2000年召开的第十九次全国统战工作会议把统一战线工作范围由原来的10个方面扩大到12个方面,即各民主党派成员,无党派人士,党外知识分子,少数民族人士,宗教界人士,非公

[①] 《全面建设小康社会,开创中国特色社会主义事业新局面》(2002年11月8日)。

[②] 王兆国:《关于〈中华人民共和国宪法修正案(草案)〉的说明》,载于《人民日报》2004年3月9日。

有制经济人士，香港、澳门同胞，台湾同胞、去台湾人员留在大陆的亲属和回大陆定居的台胞，出国和归国留学人员，海外侨胞和归侨侨眷，原工商业者，起义和投诚的原国民党军政人员等。

第二十次全国统战工作会议把新世纪新阶段统一战线的工作对象扩大为 15 个方面：各民主党派成员，无党派人士，党外知识分子，少数民族人士，宗教界人士，非公有制经济人士，私营企业和外资企业的管理技术人员，中介组织从业人员，自由职业人员，原工商业者，起义和投诚的原国民党军政人员及眷属，港澳同胞、台湾同胞、去台湾人员留在大陆的亲属，出国和归国留学人员，海外侨胞和归侨侨眷。

新社会阶层人士主要由自由择业的知识分子组成，他们作为改革开放特别是社会主义市场经济发展的产物，呈现快速增加的态势，在我国经济社会中的作用越来越突出。

3. 完善了党领导统一战线的体制机制。

第十九次全国统战工作会议要求，"省及省以下党委统战部长，由于工作需要而又有条件的要由同级党委常委担任，并在任免前征求上一级党委统战部门的意见"。[①] 这次全国统战工作会议还要求建立健全统一领导、相互协调的统一战线工作机制。

4. 进一步加强多党合作和政治协商制度建设。

为进一步加强中国共产党领导的多党合作和政治协商制度建设，2005 年《中共中央关于进一步加强中国共产党领导的多党合作和政治协商制度建设的意见》颁发。该意见指出，中国共产党领导的多党合作和政治协商制度是我国的一项基本政治制度，是具有中国特色的社会主义政党制度。确立和实行中国共产党领导的多党合作和政治协商制度，是中国社会历史发展的必然选择，是中国共产党和中国人民政治智慧的结晶；坚持和完善中国

---

① 《进一步开创统一战线工作的新局面》（2000 年 12 月 4 日），引自《江泽民文选》第三卷，人民出版社 2006 年版，第 154 页。

共产党领导的多党合作和政治协商制度是建设社会主义政治文明的重要内容;同时,为了让国际社会更好地了解中国政党制度,2007 年,国务院新闻办公室发表了《中国的政党制度》白皮书,该白皮书强调:

第一,中国政党制度明确我国政党制度的显著特征和衡量标准。"共产党领导、多党派合作,共产党执政、多党派参政"是我国多党合作制度的显著特征。衡量中国政党制度有"四条标准",即衡量中国的政治制度和政党制度,最根本的是要从中国的国情出发,从中国革命、建设和改革实践的效果着眼,一是看能否促进社会生产力的持续发展和社会全面进步;二是看能否实现和发展人民民主,增强党和国家的活力,保持和发挥社会主义制度的特点与优势;三是看能否保持国家政局的稳定和社会安定团结;四是看能否实现和维护最广大人民的根本利益。①

第二,民主党派作为具有政治联盟性质的政党,具有进步性与广泛性的内涵。进步性集中体现在各民主党派同我们党通力合作,共同致力于建设有中国特色社会主义事业。广泛性,是同其社会基础及自身特点联系在一起的。共产党同各民主党派在国家重大问题上进行民主协商、科学决策,集中力量办大事;共产党与各民主党派相互监督,促进共产党领导的改善和参政党建设的加强。"这既避免了多党竞争、相互倾轧造成的政治动荡,又避免了一党专制、缺少监督导致的种种弊端。我国政党制度的巨大优势就在这里,同国外一党制和多党制的根本区别也在这里。"②

第三,强调了多党合作的基本原则。2005 年的《中共中央关于进一步加强中国共产党领导的多党合作和政治协商制度建设的意见》指出,中国共产党和各民主党派在多党合作和政治协商的长期实践中形成了一些重要政治准则,必须认真坚持和遵循;

---

①② 《进一步开创统一战线工作的新局面》(2000 年 12 月 4 日),引自《江泽民文选》第三卷,人民出版社 2006 年版,第 144 页。

发展是中国共产党执政兴国的第一要务，也是各民主党派参政议政的第一要务；各民主党派同中国共产党长期风雨同舟、患难与共，为中国革命、建设、改革事业作出了重要贡献，是发展先进生产力、社会主义民主政治、社会主义先进文化和构建社会主义和谐社会的一支重要力量，也是实现祖国统一、民族振兴的一支重要力量；发挥无党派人士的作用是坚持和完善中国共产党领导的多党合作和政治协商制度的必然要求；人民政协要围绕团结和民主两大主题，认真履行政治协商、民主监督、参政议政的职能。

第四，突出强调了政治协商的内容。2005年的《中共中央关于进一步加强中国共产党领导的多党合作和政治协商制度建设的意见》对进一步完善中国共产党与各民主党派进行政治协商的内容、形式和程序，充分发挥民主党派和无党派人士的参政议政和民主监督作用等方面都做了规范。政治协商是中国共产党领导的多党合作和政治协商制度的重要组成部分，是实行科学民主决策的重要环节，是中国共产党提高执政能力的重要途径。把政治协商纳入决策程序，就重大问题在决策前和决策执行中进行协商，是政治协商的重要原则。中国共产党与民主党派实行互相监督，是在坚持四项基本原则的基础上通过提出意见、批评、建议的方式进行的政治监督，是我国社会主义监督体系的重要组成部分。中国共产党处于领导和执政地位，更加需要自觉接受民主党派的监督。

第五，强调坚持党对多党合作制度的领导。2005年的《中共中央关于进一步加强中国共产党领导的多党合作和政治协商制度建设的意见》还对加强和改善中国共产党对多党合作和政治协商的领导做了具体明确的规定。坚持中国共产党的领导是多党合作的首要前提和根本保证。各级党委要从提高党的执政能力、发展社会主义民主、构建社会主义和谐社会、推进改革开放和现代化建设胜利发展的战略高度，进一步提高认识，加强和改善对多党合作和政治协商的领导,充分发挥民主党派在国家政治生活中的作用。要加强对同级政协的领导,及时研究并统筹解决人民政协工作中的重大问题,支持人民政协依照章程开展工作。

第六,强调加强人民政协工作。2006年2月,中共中央发布《关于加强人民政协工作的意见》。该意见指出,人民政协要选择经济社会发展中具有综合性、全局性、前瞻性的课题,深入调查研究,开展咨询论证,提出意见和建议。要运用包容各界、联系广泛、人才聚集的有利条件,了解和反映社会不同阶层、不同群体的愿望和要求。人民政协的重要考察活动及重大外事活动要请政协的民主党派有关负责人参加,政协专门委员会要积极开展与参加政协的各党派团体的联合调研。要建立健全人民政协参政议政的各项工作制度,形成合理有效的工作机制。

各级党委和政府要加强与人民政协的联系和沟通,为人民政协参政议政创造良好条件。对政协提出的重要意见和建议,要认真研究、积极采纳。党委和政府有关部门要密切同政协专门委员会的协作和配合,对它们的工作提供必要的支持和帮助。

《中共中央关于进一步加强中国共产党领导的多党合作和政治协商制度建设的意见》和《关于加强人民政协工作的意见》是对我国多党合作和政治协商成功经验的理论升华,为21世纪多党合作和政治协商的发展提供了制度保障。

第二章

新时代的爱国统一战线

党的十九大报告指出,中国特色社会主义进入新时代,这是我国发展新的历史方位。这一重大政治判断,给新时代统一战线的发展提供了基本坐标和基本依据。党的十八大以来,以习近平同志为核心的党中央高度重视统一战线工作,提出一系列重要思想,作出一系列重要部署,进一步加强和规范统一战线工作,巩固和发展爱国统一战线。新时代的统一战线高举爱国主义、社会主义旗帜,牢牢把握大团结大联合的主题,增进对中国特色社会主义的道路自信、理论自信、制度自信,文化自信,促进政党关系、民族关系、宗教关系、阶层关系、海内外同胞关系和谐,巩固和发展团结、奋进、开拓、活跃的局面,为推动经济社会发展、维护社会和谐稳定、促进祖国统一作出了重要贡献。

中国共产党第十九次全国代表大会指出,统一战线是党的事业取得胜利的重要法宝,必须长期坚持。要高举爱国主义、社会主义旗帜,牢牢把握大团结大联合的主题,坚持一致性和多样性统一,找到最大公约数,画出最大同心圆。坚持长期共存、互相监督、肝胆相照、荣辱与共,支持民主党派按照中国特色社会主义参政党要求更好履行职能。全面贯彻党的民族政策,深化民族团结进步教育,铸牢中华民族共同体意识,加强各民族交往交流交融,促进各民族像石榴籽一样紧紧抱在一起,共同团结奋斗、共同繁荣发展。全面贯彻党的宗教工作基本方针,坚持我国宗教的中国化方向,积极引导宗教与社会主义社会相适应。加强党外知识分子工作,做好新的社会阶层人士工作,发挥他们在中国特色社会主义事业中的重要作用。构建亲清新型政商关系,促进非公有制经济健康发展和非公有制经济人士健康成长。广泛团结联系海外侨胞和归侨侨眷,共同致力于中华民族伟大复兴。① 这段话高度概括了十八大以来党的统一战线的新思想新理念新战略。

一、统战工作是党的重要工作

统战工作是党的重要工作,习近平同志指出,统一战线无小事,统战工作涉及的主要是同党外的关系,处理不好就可能影响大局。党中央在这方面要求是明确的。② 党的十八大以来,中国共产党所处的历史方位、所面临的内外形势、所肩负的使命任务发生了重大变化,给统一战线工作带来了新的要求。越是变化大,越是要把统一战线发展好、把统战工作开展好。为了适应新时代的统战工作要求,做好新时代的统战工作,2015 年党中央召开中央统战工作会议。根据《中国共产党章程》,中共中央于 2015 年 5 月 18 日正式颁布施行《中国共产党统一战线工作条例(试行)》,这是中国共产党关于统一战线工作的第一部党内法规,是新时代统战工作的纲领性文件。2020 年,中共中央修订的《中国共产党统一战线工作条例》正式发布。《中国共产党统一战线工作条例》作为统一战线工作的总规范,在延续

---

① 习近平:《决胜全面建成小康社会,夺取新时代中国特色社会主义伟大胜利——在中国共产党第十九次全国代表大会上的报告》,人民出版社 2017 年版,第 39~40 页。
② 习近平:《巩固发展最广泛的爱国统一战线　为实现中国梦提供广泛力量支持》,人民网,2015 年 5 月 20 日。

《中国共产党统一战线工作条例（试行）》的基础上，进一步规范民主党派和无党派人士工作、党外知识分子工作、民族工作、宗教工作、非公有制经济领域统战工作、港澳台统一战线工作、海外统战工作和侨务工作（将试行版中的港澳台统一战线工作单列，并增加了侨务工作）等方面的基本要求、方针政策、主要任务、体制机制和方式方法等。2017年召开的全国新的社会阶层人士统战工作会议是我国历史上第一次召开的关于新的社会阶层人士的统战工作会议。2020年这部分将主要围绕中央统战工作会议精神和《中国共产党统一战线工作条例（试行）》《中国共产党统一战线工作条例》，分析党的十八大以来的统一战线思想。

（一）构建大统战格局

统一战线是党的事业取得胜利的重要法宝。统战工作是全党的工作，必须全党重视，大家共同来做。习近平总书记指出，"要坚持党委统一领导、统战部门牵头协调、有关方面各负其责的大统战工作格局，形成工作合力"。① 所谓大统战格局，就是全党一起来做，各部门分工负责、各司其职的体系，这一体系包括三个方面的主体：党委、统战部、有关方面；其职责也得到明确，即领导、协调、各负其责。② 构建大统战格局要求：

一是统战工作是各级党委必须做好的分内之事、必须种好的责任田。统战工作要实现"四个纳入"，即各级党委要把统战工作摆在重要位置，真正把统战工作纳入党委重要议事日程，纳入党政领导班子工作考核内容，纳入宣传工作计划，纳入党校、行政学院、干部学院、社会主义学院的重要教学内容。③ 具体

---

① 习近平：《巩固发展最广泛的爱国统一战线 为实现中国梦提供广泛力量支撑》，载于《人民日报》2015年5月21日。
② 中国统一战线理论研究会统战基础理论上海研究基地、中国特色社会主义统一战线理论研究基地：《新时代统一战线》，2018年，未刊稿，第55页。
③ 《中国共产党统一战线工作条例（试行）》（2015年5月18日），引自《十八大以来中央文献选编》，中央文献出版社2016年版，第541页。

而言：

第一，各级党委要把统战工作摆在重要位置，各级党政领导干部要带头学习宣传和贯彻落实统一战线政策法规，带头参加统一战线重要活动，带头广交深交党外朋友。要坚持党委统一领导、统战部牵头协调、有关方面各负其责的大统战工作格局，形成工作合力。要加强统战干部队伍建设，统战干部要发扬优良作风，做到诚恳谦和、平等待人、廉洁奉公，真正赢得党外人士尊重和认同，团结他们同我们党一起奋斗。第二，统战部要发挥综合协调机构作用。作为党委主管统战工作的职能部门，统战部是党委综合工作的参谋机构、组织协调机构、具体执行机构、督促检查机构，担负着了解情况、掌握政策、协调关系、安排人士、增进共识、加强团结等重要职能，其中"增进共识、加强团结"是新增加的职能。第三，各统战有关方面要履行本职、各司其职，也要加强沟通意识，形成做好统战工作的合力。各统战方面，如人民政协、台办、工商联、宗教局、民委、港澳办、侨办等要认真履行职责，在做好分内工作的同时，主动加强与其他统战方面的沟通配合，以实际行动促进大统战工作格局。

二是赋予爱国统一战线新内涵，推动建立最广泛的爱国统一战线。党的统一战线的范围越来越广泛，增加了致力于中华民族伟大复兴的爱国者这一群体。我们以2018年通过的《中国人民政治协商会议章程》为例：中国人民在长期的革命、建设、改革进程中，结成了由中国共产党领导的、以工农联盟为基础的，有各民主党派、无党派人士、人民团体、少数民族人士和各界爱国人士参加的，由全体社会主义劳动者、社会主义事业的建设者、拥护社会主义的爱国者、拥护祖国统一和致力于中华民族伟大复兴的爱国者组成的，包括香港特别行政区同胞、澳门特别行政区同胞、台湾同胞和海外侨胞在内的最广泛的爱国统一战线。这个统一战线将继续巩固和发展。2020年修订的《中国共产党统一战线工作条例》开宗明义强调指出：本条例所称统一战线，是指中国共产党领导的、以工农联盟为基础的,包括全体社会主义劳动者、社会主义事业的建设者、拥护社会主义的爱国者、拥护祖国统一和致力于中华民族伟大复兴的爱国者的联盟。将"致力于中华民族伟大复兴的爱国者"纳入统一战线,在新时代,统一战线的内涵得以进一步丰富和发展。

三是提出了统一战线同心圆的思想。要高举爱国主义、社会主义旗帜,牢牢把握大团结大联合主体,坚持一致性和多样性统一,找到最大公约数,画出最大同心圆。① 什么是同心圆?就是在党的领导下,动员全国各族人民,调动各方面积极性,共同为实现中华民族伟大复兴的中国梦而奋斗。② 实现"两个一百年"奋斗目标,需要全社会方方面面同心干,需要全国各族人民心往一处想、劲往一处使。如果一个社会没有共同理想,没有共同目标,没有共同价值观,整天乱哄哄的,那就什么事也办不成。我国有十三亿多人,如果弄成那样一个局面,就不符合人民利益,也不符合国家利益。凝聚共识工作不容易做,大家要共同努力。为了实现我们的目标,网上网下要形成同心圆。③ 只要把政治底线这个圆心固守住,包容的多样性半径越长,画出的同心圆就越大。

四是提出做好联谊交友工作。联谊交友是统战工作的重要内容。做好新形势下统战工作,必须善于联谊交友。联谊交友是统战工作的重要内容,也是统战工作的重要方式。党政领导干部、统战干部要掌握这个方式。习近平总书记指出:我们搞统一战线,从来不是为了好看、为了好听,而是因为有用、有大用、有不可或缺的作用。说到底,统一战线是做人的工作,搞统一战线

---

① 习近平:《决胜全面建成小康社会,夺取新时代中国特色社会主义伟大胜利——在中国共产党第十九次全国代表大会上的报告》,人民出版社2017年版,第39~40页。

②③《在网络安全和信息化工作座谈会上的讲话》(2016年4月19日),人民出版社单行本,第7页。

是为了壮大共同奋斗的力量。民主党派、无党派、民族、宗教、新的社会阶层、港澳台海外等各方面统一战线成员达数亿之多。可以肯定地说，只要把这么多人团结起来，我们就能为实现"两个一百年"奋斗目标、实现中华民族伟大复兴的中国梦增添强大力量。从某种意义上说，统一战线工作做得好不好，要看交到的朋友多不多、合格不合格、够不够铁。多不多是数量问题，合格不合格、够不够铁是质量问题。俗话说："一人为仇嫌太多，百人为友嫌太少。"交朋友的面要广，朋友越多越好，特别是要交一些能说心里话的挚友诤友。想交到这样的朋友，不能做快餐，而是要做佛跳墙这样的功夫菜。对党外人士，要多接触、多谈心、多帮助，讲尊重、讲平等、讲诚恳，不随意伤害对方自尊心，不以势压人。同党外人士交朋友当然会有私谊，但私谊要服从公谊。要讲原则、讲纪律、讲规矩，不能把党外人士当成个人资源，而要出于公心为党交一大批肝胆相照的党外朋友。[①]

五是提出民主党派是同中国共产党通力合作的中国特色社会主义参政党。2013年2月6日，习近平总书记在同党外人士共迎新春时，首次提出"各民主党派是同中国共产党通力合作的中国特色社会主义参政党"，这一提法，突破了中国特色社会主义的参政党、"政治力量"和"政治联盟"的认识，首次将民主党派定性为中国特色社会主义参政党，不是反对党、在野党。同时，习近平总书记将民主党派的职能完善为"参政议政、民主监督，参加中国共产党领导的政治协商"，并对支持民主党派履行职能的内容、程序、形式等作了进一步规范。

六是必须正确处理一致性和多样性关系。统一战线是一致性和多样性的统一体，只有一致性、没有多样性，或者只有多样性、没有一致性，都不能建立和发展统一战线。正所谓"非一则

[①]《深刻认识做好新形势下统战工作的重大意义》（2015年5月18日），引自《十八大以来重要文献选编》（中），中央文献出版社2016年版，第562~563页。

不能成两，非两则不能致一"。① 一致性和多样性不是一成不变的，而是历史的、具体的、发展的。有的同志要么过于追求一致性，要么过于放任多样性，结果都会动摇统一战线的基础。正确处理一致性和多样性关系，关键是要坚持求同存异。一方面，要不断巩固共同思想政治基础，包括巩固已有共识、推动形成新的共识，这是基础和前提。另一方面，要充分发扬民主、尊重包容差异。对危害中国共产党领导、危害我国社会主义政权、危害国家制度和法治、损害最广大人民根本利益的问题，必须旗帜鲜明反对，不能让其以多样性的名义大行其道。这是政治底线，不能动摇。除此之外，对其他各种多样性，要尽可能通过耐心细致的工作找到最大公约数。②

（二）提出统战新对象

党的十八大以来，以习近平同志为核心的党中央尊重社会阶层发展规律，对新的社会阶层划分进行了及时调整。新的社会阶层的内涵发生了变化，将原来的"私营企业、外资企业的管理人员和技术人员""中介组织从业人员""自由职业人员"合并为"新的社会阶层人士"，再加之"新媒体从业人员"，他们是改革开放以来迅速成长的社会群体，要引导他们发挥积极作用。党的十八大以来……他们是改革开放以来迅速成长的社会群体。《中国共产党统一战线工作条例》第三十一条将新的社会阶层人士概括如下：新的社会阶层人士主要包括：民营企业和外商投资企业管理技术人员、中介组织和社会组织从业人员、自由职业人员、新媒体从业人员等。这就以党内法规界定了新的社会阶层人士的构成。

一是明确新时代统一战线工作范围和对象。统一战线工作

---

①② 《深刻认识做好新形势下统战工作的重大意义》（2015年5月18日），引自《十八大以来重要文献选编》（中），中央文献出版社2016年版，第561~562页。

对象为党外人士，重点是其中的代表人士。《中国共产党统一战线工作条例（试行）》将统一战线工作范围和对象总结为十二类人员：民主党派成员；无党派人士；党外知识分子；少数民族人士；宗教界人士；非公有制经济人士；新的社会阶层人士；出国和归国留学人员；香港同胞、澳门同胞；台湾同胞及其在大陆的亲属；华侨、归侨及侨眷；其他需要联系和团结的人员。① 而新修订的《中国共产党统一战线工作条例》沿用了这一说法。

二是重视非公有制经济人士健康成长，打造"亲""清"新型政商关系。习近平强调，促进非公有制经济健康发展和非公有制经济人士健康成长，不仅是重大的经济问题，也是重大的政治问题。对非公有制经济认识的政治安排，不仅关系到非公有制经济的健康发展，而且关系党的执政地位和群众基础。将非公有制经济人士从"新的社会阶层"中划出来，"一手抓鼓励支持，一手抓教育引导，引导非公有制经济人士特别是年青一代致富思源、富而思进"。② 引导他们合法诚信经营、畅通有序政治参与渠道、积极履行社会责任，做合格的中国特色社会主义建设者。与此同时，要建立新型政商关系。在新形势下，党政领导干部既要与非公有制经济人士建立亲近、亲密的工作关系，帮助他们解决实际问题，也要时刻保持清醒、清白和清廉。非公有制经济人士也要支持地方经济发展、做到洁身自好、依法办企、光明正大搞经营。

三是新媒体代表人士在内的新社会群体是统一战线的一项新任务。这些群体具有知识层次高、流动性强、思维活跃、影响面广等特点，其中党外人士占多数，在维护网络安全、影响社会舆

---

① 《中国共产党统一战线工作条例（试行）》，引自《十八大以来重要文献选编》（中），中央文献出版社2016年版，第540页。
② 习近平：《巩固发展最广泛的爱国统一战线 为实现中国梦提供广泛力量支持》，载于《人民日报》2015年5月21日。

论等方面发挥着重要作用,是推动经济社会发展的一支重要力量。习近平总书记指出,要对新媒体从业人员中的代表性人士保持经常联系,加强线上线下沟通互动,引导其发挥净化网络空间、弘扬社会主旋律等作用。出国和归国留学人员是统战工作的新的着力点,要坚决支持留学、鼓励回国、来去自由、发挥作用的方针,鼓励他们回国工作,以多种形式为国服务。在新形势下,广泛团结凝聚包括新媒体中的代表性人士在内的新社会群体,是统一战线面临的一项新任务。

四是加强党外知识分子工作。党外知识分子工作是统一战线的基础性和战略性工作。国家机关和国有企事业单位党外知识分子工作的重点对象是:具有高级职称的党外知识分子,学科带头人或者重要业务骨干中的党外知识分子,担任中层以上领导职务的党外知识分子,其他有成就、有影响的党外知识分子。[①]《中国共产党统一战线工作条例》将"学科带头人"改为了"学术带头人",其他内容与2015年版条例的规定一致。目前,党外知识分子占知识分子总量的75%。习近平总书记指出,党外知识分子工作,是统一战线的基础性、战略性工作,要"认真贯彻党的知识分子政策,尊重劳动、尊重知识、尊重人才、尊重创造,做到政治上充分信任、思想上主动引导、工作上创造条件,生活上关心照顾,为他们办实事、做好事、解难事"。[②]对党外知识分子,"应当多尊重和包容,多看他们的主要方面,多看他们对国家和社会的贡献,做到容人之异、容人之短、容人之失"。"遵循知识分子工作特点和规律,减少对知识分子创造性劳动的干扰。"

[①] 《中国共产党统一战线工作条例(试行)》,引自《十八大以来重要文献选编》(中),中央文献出版社2016年版,第547页。

[②] 习近平:《在哲学社会科学座谈会上的讲话》,载于《人民日报》2016年5月19日。

（三）民族工作和宗教工作都是全局性工作

我国是一个多民族国家，又是一个拥有众多信教群众的国家，民族问题和宗教问题密切联系，"民族工作、宗教工作都是全局性工作"。① 在统一战线工作中，民族关系和宗教关系是十分重要的两对关系，"处理好民族问题和宗教问题对于国家的长治久安十分重要"。② 党的十八大以来，以习近平同志为核心的党中央高度重视民族关系和宗教关系，在民族工作方面，于2014年召开了中央民族工作会议、2017年再度召开中央民族工作会议暨国务院第六次全国民族团结进步表彰大会；在宗教工作方面，先后于2014年召开第二次新疆工作座谈会、2015年召开第六次西藏工作座谈会、中央统战工作会议，2016年召开全国宗教工作会议，对民族工作和宗教工作做出新的部署；2019年，中共中央发布的《新疆的若干历史问题》白皮书再次强调新疆是中国领土不可分割的一部分。

民族工作的根本要求是：坚定不移走中国特色解决民族问题的正确道路，坚持中国共产党的领导，坚持中国特色社会主义道路，坚持维护祖国统一，坚持各民族一律平等，坚持和完善民族区域自治制度，坚持各民族共同团结奋斗、共同繁荣发展，坚持打牢中华民族共同体的思想基础，坚持依法治国，加强各民族交往交流交融，促进各民族和睦相处、和衷共济、和谐发展，巩固和发展平等团结互助和谐的社会主义民族关系，依靠各民族共同力量实现中华民族伟大复兴。③

在民族工作方面，大概有如下几个方面的观点：

---

① 习近平：《巩固发展最广泛的爱国统一战线　为实现中国梦提供广泛力量支持》，载于《人民日报》2015年5月21日。
② 《习近平总书记系列重要讲话读本（2016年版）》，学习出版社、人民出版社2016年版，第178页。
③ 《中国共产党统一战线工作条例（试行）》，引自《十八大以来重要文献选编》（中），中央文献出版社2016年版，第547页。

一是以铸牢中华民族共同体意识为主线、把维护民族团结和国家统一作为最高国家利益。习近平总书记在2014年召开的中央民族工作会议上指出，加强中华民族大团结，长远和根本的是增强文化认同，建设各民族共有精神家园，积极培育中华民族共同体意识。在2017年的民族工作会议上，习近平总书记强调："全党要牢记我国是统一的多民族国家这一基本国情，坚持把维护民族团结和国家统一作为各民族最高利益。"① 做好民族工作要坚定不移走中国特色解决民族问题的正确道路，开拓创新，从实际出发，顶层设计要缜密、政策统筹要到位、工作部署要稳妥，让各族人民增强对伟大祖国的认同、对中华民族的认同、对中华文化的认同、对中国特色社会主义道路的认同。

二是强调了多民族是我国的一大特色，也是我国发展的一大有利因素。各民族共同开发了祖国的锦绣河山、广袤疆域，共同创造了悠久的中国历史、灿烂的中华文化。我国历史演进的特点，造就了我国各民族在分布上的交错杂居、文化上的兼收并蓄、经济上的相互依存、情感上的相互亲近，形成了你中有我、我中有你，谁也离不开谁的多元一体格局。中华民族和各民族的关系，是一个大家庭和家庭成员的关系，各民族的关系，是一个大家庭里不同成员的关系。处理好民族问题、做好民族工作，是关系祖国统一和边疆巩固的大事，是关系民族团结和社会稳定的大事，是关系国家长治久安和中华民族繁荣昌盛的大事。全党要牢记我国是统一的多民族国家这一基本国情，坚持把维护民族团结和国家统一作为各民族最高利益，把各族人民智慧和力量最大限度凝聚起来，同心同德为实现"两个一百年"奋斗目标、实现中华民族伟大复兴的中国梦而奋斗。

三是强调了民族团结是我国各族人民的生命线。做好民族工

---

① 《中央民族工作会议暨国务院第六次全国民族团结进步表彰大会在北京举行》，载于《人民日报》2016年9月30日。

作，最关键的是搞好民族团结，最管用的是争取人心。全面深入持久开展马克思主义祖国观、民族观、文化观、历史观宣传教育，把加强民族团结作为战略性、基础性、长远性工作来做。

四是阐明民族区域自治是我国的一项基本政治制度，是中国特色解决民族问题的正确道路的重要内容和制度保障，强调坚持和完善民族区域自治制度要做到坚持统一和自治相结合、坚持民族因素和区域因素相结合。

五是做好城市民族工作，阐明我国进入各民族跨区域大流动活跃期的历史趋势，强调要让城市更好地接纳少数民族群众、让少数民族群众更好地融入城市。我国进入了各民族跨区域大流动的活跃期，做好城市民族工作越来越重要。对少数民族流动人口，不能采取"关门主义"的态度，也不能采取放任自流的态度，关键是要抓住流入地和流出地的两头对接。要把着力点放在社区，推动建立相互嵌入的社会结构和社区环境，注重保障各民族合法权益，坚决纠正和杜绝歧视或变相歧视少数民族群众、伤害民族感情的言行，引导流入城市的少数民族群众自觉遵守国家法律和城市管理规定，让城市更好接纳少数民族群众，让少数民族群众更好融入城市。

六是强调做好民族工作关键是人。阐明做好民族工作关键在党、关键在人，强调中国共产党的领导是民族工作成功的根本保证，也是各民族大团结的根本保证。要大力培养选拔少数民族界人士和干部，加强与少数民族界代表人士联系，将优秀少数民族干部放在重要领导岗位上进行锻炼。[①]

七是阐明民族工作中解决好物质方面问题和精神方面问题。要把建设各民族共有精神家园作为战略任务来抓，解决好民族问题，物质方面的问题要解决好，精神方面的问题也要解决好。要

---

① 《中央民族工作会议暨国务院第六次全国民族团结进步表彰大会在北京举行》，载于《人民日报》2016年9月30日。

旗帜鲜明地反对各种错误思想观念，增强各民族干部群众识别大是大非、抵御国内外敌对势力思想渗透的能力。

在宗教工作方面，党的十八大以来，习近平总书记关于宗教工作的系列讲话，从坚持和发展中国特色社会主义、实现中华民族伟大复兴中国梦的战略高度，部署积极引导宗教与社会主义社会相适应的时代任务。一是提出党的宗教工作基本方针：全面贯彻党的宗教信仰自由政策，依法管理宗教事务，坚持独立自主自办原则，积极引导宗教与社会主义社会相适应。尊重和保护公民信仰宗教和不信仰宗教的权利。坚持政教分离，禁止以行政力量消灭或者发展宗教，禁止利用恐吓、欺骗等手段传播宗教，禁止利用宗教进行破坏社会秩序、损害公民身体健康、妨碍国家教育制度、制造民族矛盾、破坏祖国统一的活动。①《中国共产党统一战线工作条例》第二十四条在沿袭《中国共产党统一战线工作条例（试行）》的基础上，对党的宗教工作方针进一步概括完善为：全面贯彻党的宗教信仰自由政策，依法管理宗教事务，坚持独立自主自办原则，积极引导宗教与社会主义社会相适应。尊重和保护公民信仰宗教和不信仰宗教的自由。坚持政教分离。提高宗教工作法治化水平，善于用法律法规规范宗教事务管理、调节涉及宗教的各种社会关系，运用法治思维和法治方式妥善处理宗教领域的矛盾和问题，教育引导宗教界人士和信教群众自觉维护宪法法律权威，在法律法规规定范围内开展活动。防范外国势力干预和支配我国宗教团体和宗教事务。防范和抵御境外利用宗教进行渗透。支持和鼓励宗教界在独立自主、平等友好、互相尊重的基础上开展对外交往。用社会主义核心价值观引领和教育宗教界人士和信教群众，支持和引导宗教界人士对宗教教义教规作出符合当代中国发展进步要求、符合中华优秀文化的阐释，促进

---

① 《中国共产党统一战线工作条例（试行）》，引自《十八大以来重要文献选编》（中），中央文献出版社2016年版，第548页。

宗教界人士和信教群众对伟大祖国、中华民族、中华文化、中国共产党、中国特色社会主义的认同。发挥宗教的积极作用，抑制宗教的消极作用。从这一大段的文字来看，党的宗教工作基本方针更为成熟和完善了。二是强调宗教工作本质是群众工作。习近平总书记指出，要加强对宗教事务的正确引导和管理，清醒地认识到宗教工作的本质是群众工作，因此不能单纯依靠行政手段来处理宗教问题，而是学会综合运用经济、法律、文化等多种方法开展宗教工作，构建健康的宗教关系。三是推动宗教工作法治化。继续推进宗教工作的法治化进程，决不允许有法外之人和法外之教的存在，严格贯彻政教分离，一方面，政府不能随意干预和控制宗教事务，另一方面，宗教活动的开展不能影响到政府行政、司法等职能的履行。坚持我国宗教中国化方向，构建积极健康的宗教关系。这些重大论断把握时代脉搏，紧扣时代主题，引领时代发展，是马克思主义宗教观中国化的最新成果，丰富和发展了中国特色社会主义宗教理论，成为习近平新时代中国特色社会主义思想的重要组成部分，为统领新时代宗教工作提供了根本指南。①

（四）做好港澳台海外统战工作

此外，党的十八大以来，中国共产党分别对港澳台统战工作、海外统一战线工作和侨务工作做出了新的工作安排，特别强调全面准确贯彻"一国两制"、"港人治港"、"澳人治澳"、高度自治的方针，提出港澳台统一战线的主要任务、海外统一战线工作的主要任务等（本部分内容详见第五章），支持民主党派和无党派人士，指导相关人民团体和社会团体，在港澳台统一战线工作中发挥作用。

---

① 沈桂萍：《深刻理解习近平总书记关于宗教工作的重要论述》，载于《中国宗教》2018 年第 6 期。

对港澳台工作，关键是要全面准确理解和贯彻"一国两制"方针，切实尊重和维护基本法权威。①

港澳台统战工作各有特点，要根据各自的发展规律，做到具体问题具体分析。党的十九届四中全会明确提出："建立健全特别行政区维护国家安全的法律制度和执行机制。"针对香港特别行政区国家安全风险凸显等严重危害国家主权、统一和领土完整，一些外国和境外势力公然干涉香港事务，利用香港从事危害我国家安全的活动等严峻形势，全国人大作出了建立健全香港特别行政区维护国家权的法律制度和执行机制的决定。2020年5月28日，十三届全国人代三次会议审议了全国人民代表大会常务委员会《全国人民代表大会关于建立健全香港特别行政区维护国家安全的法律制度和执行机制的决定（草案）》的议案，2020年6月30日，十三届全国人大常委会第二十二次会议审议通过了《中华人民共和国香港特别行政区维护国家安全法》，该法列入香港基本法附件三，自公布之日起施行。2021年3月11日，十三届全国人大四次会议高票通过了《全国人民代表大会关于完善香港特别行政区选举制度的决定》，这是继制定实施《中华人民共和国香港特别行政区维护国家安全法》后，国家完善香港特别行政区法律和政治体制的又一重大举措，其具体内容如下：

一、完善香港特别行政区选举制度，必须全面准确贯彻落实"一国两制"、"港人治港"、高度自治的方针，维护《中华人民共和国宪法》和《中华人民共和国香港特别行政区基本法》确定的香港特别行政区宪制秩序，确保以爱国者为主体的"港人治港"，切实提高香港特别行政区治理效能，保障香港特别行政区永久性居民的选举权和被选举权。

二、香港特别行政区设立一个具有广泛代表性、符合香港特别行政区实际情况、体现社会整体利益的选举委员会。选举委员

---

① 《习近平谈治国理政》，外文出版社2014年版，第226页。

会负责选举行政长官候任人、立法会部分议员，以及提名行政长官候选人、立法会议员候选人等事宜。

选举委员会由工商、金融界，专业界，基层、劳工和宗教等界，立法会议员、地区组织代表等界，香港特别行政区全国人大代表、香港特别行政区全国政协委员和有关全国性团体香港成员的代表界等五个界别共1 500名委员组成。

三、香港特别行政区行政长官由选举委员会选出，由中央人民政府任命。

行政长官候选人须获得选举委员会不少于188名委员联合提名，且上述五个界别中每个界别参与提名的委员不少于15名。选举委员会以一人一票无记名投票选出行政长官候任人，行政长官候任人须获得选举委员会全体委员过半数支持。

四、香港特别行政区立法会议员每届90人。通过选举委员会选举、功能团体选举、分区直接选举三种方式分别选举产生。

五、设立香港特别行政区候选人资格审查委员会，负责审查并确认选举委员会委员候选人、行政长官候选人和立法会议员候选人的资格。香港特别行政区应当健全和完善有关资格审查制度机制，确保候选人资格符合《中华人民共和国香港特别行政区基本法》、《中华人民共和国香港特别行政区维护国家安全法》、全国人民代表大会常务委员会关于《中华人民共和国香港特别行政区基本法》第一百零四条的解释和关于香港特别行政区立法会议员资格问题的决定以及香港特别行政区本地有关法律的规定。

六、授权全国人民代表大会常务委员会根据本决定修改《中华人民共和国香港特别行政区基本法》附件一《香港特别行政区行政长官的产生办法》和附件二《香港特别行政区立法会的产生办法和表决程序》。

七、香港特别行政区应当依照本决定和全国人民代表大会常务委员会修改后的《中华人民共和国香港特别行政区基本法》附件一《香港特别行政区行政长官的产生办法》和附件二《香港特别行政区立法会的产生办法和表决程序》，修改香港特别行政区本地有关法律，依法组织、规管相关选举活动。

八、香港特别行政区行政长官应当就香港特别行政区选举制度安排和选举组织等有关重要情况，及时向中央人民政府提交报告。

九、本决定自公布之日起施行。

2015年11月7日，两岸领导人在新加坡举行了历史性的"习马会"。习近平主席在《告台湾同胞书》发表40周年纪念会上的讲话中强调："台湾是中国一部分、两岸同属一个中国的历史和法理事实，是任何人任何势力都无法改变的！两岸同胞都是中国人、血浓于水、守望相助的天然情感和民族认同，是任何人任何势力都无法改变的！台海形势走向和平稳定、两岸关系向前发展的时代潮流，是任何人任何势力都无法阻挡的！国家强大、民族复兴、两岸统一的历史大势，更是任何人任何势力都无法阻挡的。"

二、完善党对统战工作的领导

党政军民学，东西南北中，党是领导一切的。党是最高的政治领导力量，党的领导理所当然包括党对统一战线的领导。2015年的召开的中央党的群团工作会议指出：做好新形势下统战工作，……最根本的是要坚持党的领导。统一战线是党领导的统一战线，① 旗帜鲜明强调了党对统战工作的领导。而新修订的《中国共产党统一战线工作条例》（以下简称《条例》）更是将坚持党对统一战线工作的领导体现到条例的各个方面中，比如《条例》提到统战工作的第一项原则是"坚持中国共产党的领导"：

---

① 《做好新形势下统战工作》（2015年5月18日），引自《习近平谈治国理政》第二卷，外文出版社2017年版，第303页。

《条例》强调要增强"四个意识"、坚定"四个自信"、做到"两个维护",深入学习贯彻习近平总书记关于加强和改进统一战线工作的重要思想;《条例》还强调"加强党对统一战线工作的集中统一领导,确保党在统一战线工作中总揽全局、协调各方,保证统一战线工作始终沿着正确政治方向前进。这些内容都进一步明确和强调了党对统战工作的领导"等内容,都明确了,党对统战工作的领导。

(一)明确职责要求

《中国共产党统一战线工作条例(试行)》第一次对各级党委(党组)做好统战工作的职责作出全面规定,明确党委(党组)主要负责人是统战工作的第一责任人,党委(党组)领导班子成员要带头学习宣传和贯彻落实党的统一战线理论、方针、政策和法律法规,带头参加统一战线重要活动,带头广交深交党外朋友。2020年修订的《中国共产党统一战线工作条例》则进一步强调,大统战工作格局的构建,需要"党委统一领导、统战部门牵头协调、有关方面各负其责",进一步明确统战工作不同主体的职责功能。

一是提出中央成立统一战线工作领导小组,强化对统一战线的领导。2015年7月30日的中共中央政治局会议决定,设立中央统一战线工作领导小组。中央统一战线工作领导小组,办公室设在中央统战部,主要职责是对统一战线贯彻落实中央重大决策部署和中央关于统一战线重大方针、政策、法律法规情况进行研究,指导各地区各部门各单位党委(党组)贯彻落实中央关于统一战线的方针政策、法律法规,督促检查中央关于统一战线的重大方针、政策、法律法规的贯彻落实等。地方也都成立了统一战线工作领导小组,从体制上保证了党的领导。

《中国共产党统一战线工作条例》进一步凝练为:中央统一战线工作领导小组在中央政治局及其常委会领导下开展工作,对学习贯彻落实党中央关于统一战线工作的重大理论方针政策和涉及统一战线工作的法律法规进行研究部署、协调指导和督促检查，研究统一战线重大问题，向党中央提出建议。

二是明确地方党委对本地区统一战线工作负主体责任，各级党委（党组）主要负责人为本地区本部门本单位统一战线工作第一责任人。

地方党委主要职责是：（1）贯彻落实党中央以及上级党委关于统一战线工作的决策部署和工作要求，指导和督促检查下级党组织做好统一战线工作，重视加强基层统一战线工作；（2）定期研究统一战线重大问题、部署重要工作，每年向党中央或者上一级党委报告统一战线工作情况；（3）按照权限制定统一战线工作相关党内法规、规范性文件和重要政策，推动制定统一战线工作相关地方性法规，并组织实施；（4）组织开展统一战线理论方针政策的学习、研究、宣传和教育，把统一战线理论方针政策纳入党委理论学习中心组学习内容和党校（行政学院）、干部学院、社会主义学院教学内容，把统一战线工作纳入宣传工作计划，把统一战线知识纳入国民教育内容；（5）落实党中央关于统一战线工作部门和统战干部队伍建设的要求，选优配强统战系统领导班子和主要负责人，加强统战干部、人才队伍建设；（6）领导同级人大、政府、政协、监察委员会、法院、检察院和有关人民团体、企事业单位等做好本部门本单位本领域统一战线工作；（7）发现、培养、使用、管理党外代表人士，健全领导干部与党外代表人士联谊交友制度。其他部门、单位的党组（党委）参照前款规定履行相应统一战线工作职责。中央和国家机关工委以及各级党的机关工委依照授权，加强对党和国家机关统一战线工作的指导和监督检查。各级党委（党组）主要负责人为本地区本部门本单位统一战线工作第一责任人。党委（党组）领导班子成员应当带头学习、宣传和贯彻落实统一战线理论方针政策和法律法规，带头参加统一战线重要活动，带头广交深交党外朋友。地方党委成立统一战线工作领导小组，组长一般由同级党委书记担任。

三是明确党委主管统一战线的职能部门及其基本职责。

统战部是党委主管统一战线工作的职能部门。2015年的《中国共产党统一战线工作条例（试行）》强调指出：统战部是党委主管统一战线工作的职能部门，承担了解情况、掌握政策、协调关系、安排人事、增进共识、加强团结等职责。这段话将"增进共识、加强团结"写入统战部门职能，进一步明确统战部的主要职责。《中国共产党统一战线工作条例》进一步凝练为，是党委在统一战线工作方面的参谋机构、组织协调机构、具体执行机构、督促检查机构，承担了解情况、掌握政策、协调关系、安排人事、增进共识、加强团结等职责，将统战部的职能具体细化为九个方面。① 而2020年修订的《中国共产党统一战线工作

---

① 《中国共产党统一战线工作条例（试行）》，引自《十八大以来重要文献选编》（中），中央文献出版社2016年版，第542~543页。其内容如下：（1）调查研究统一战线的理论、政策和法律法规，向党委全面反映统一战线情况，提出开展统一战线工作的意见和建议，组织协调统一战线政策和法律法规的贯彻落实，检查执行情况，协调统一战线各方面关系。（2）负责联系民主党派，牵头协调无党派人士工作，研究贯彻做好民主党派和无党派人士工作的方针政策，支持民主党派和无党派人士履行职责、发挥作用，支持、帮助民主党派和无党派人士加强自身建设。（3）调查研究党外知识分子的情况，反映意见，协调关系，提出政策建议，联系党外知识分子代表人士。（4）调查研究民族、宗教工作的理论、方针、政策和法律法规，牵头协调检查落实情况，做好重要工作和重大问题的处理，协调开展马克思主义民族观、宗教观和相关理论、政策的宣传教育，联系少数民族和宗教界的代表人士，会同有关部门做好少数民族干部培养和举荐工作。（5）调查研究非公有制经济人士的情况，协调关系，提出政策建议，团结、服务、引导、教育非公有制经济人士，开展思想政治工作。（6）开展港澳台海外统一战线工作，联系香港、澳门、台湾和海外有关党派、团体及代表人士，会同有关部门对香港、澳门地区统一战线工作方针政策和法律法规进行调查研究，做好台胞、台属有关工作。（7）负责党外代表人士在人大、政协安排的有关工作，会同有关部门做好安排党外代表人士担任政府和司法机关等领导职务的工作，做好党外代表人士和后备干部队伍建设工作，协调民主党派做好干部管理工作，反映和解决党外代表人士工作生活中的实际困难。（8）指导下级党委统一战线工作，协助管理下级党委统战部部长，负责下级统战负责人培训工作；协调政府有关部门统一战线工作，协助做好民族、宗教等工作部门领导班子成员推荐工作；领导工商联党组，指导工商联工作；做好有关统战团体管理工作。中央统战部领导中央社会主义学院党组，指导中央社会主义学院工作。（9）负责开展统一战线宣传工作。

条例》则概括为十五个方面的规定，我们这里以新的内容来概括统战部的职能：

（1）贯彻落实党对统一战线工作的理论方针政策和决策部署，拟订统一战线工作政策和规划，向同级党委请示报告统一战线工作并提出意见建议。

（2）统筹协调指导统一战线工作，组织协调开展日常监督检查。

（3）负责发现、联系和培养党外代表人士，在同级党委领导下做好党外代表人士的政治安排，协同有关部门做好安排党外代表人士担任政府和审判机关、检察机关等领导职务的工作。

（4）联系民主党派，牵头协调无党派人士工作，支持民主党派和无党派人士履行职责、发挥作用，支持、帮助民主党派和无党派人士加强自身建设。

（5）开展党外知识分子统一战线工作。

（6）统筹协调民族工作，领导民族工作部门依法管理民族事务。

（7）统一管理宗教工作，领导宗教工作部门依法管理宗教事务。

（8）参与制定、推动落实鼓励支持引导非公有制经济发展的方针政策，统筹开展非公有制经济人士统一战线工作。

（9）统筹开展新的社会阶层人士统一战线工作。

（10）会同有关部门开展港澳统一战线工作，开展对台统一战线工作。

（11）统一领导海外统一战线工作，统一管理侨务工作，统筹协调有关部门和社会团体涉侨工作。

（12）协调推进统一战线领域法治建设。

（13）在统一战线工作中落实意识形态工作责任制，负责开展统一战线宣传工作。

（14）指导下级党委统一战线工作，协助管理下一级党委统战部部长；协调政府有关部门统一战线工作，协助做好民族、宗教等工作部门领导班子成员推荐工作；加强同政协组织的沟通协调配合；加强对参事室、文史研究馆的工作指导；领导工商联党组，指导工商联工作；指导和管理社会主义学院；做好统一战线有关单位和团体管理工作。

（15）完成同级党委和上级党委统战部交办的其他任务。

四是强调了中华全国工商业联合会职责。工商联是党领导的以民营企业和民营经济人士为主体的，具有统战性、经济性和民间性有机统一基本特征的人民团体和商会组织。

（1）工商联应当围绕促进非公有制经济健康发展和非公有制经济人士健康成长的主题，履行职责、发挥作用。工商联参加政治协商、参政议政、民主监督的具体内容和形式参照本条例第三章有关规定执行。（2）工商联对所属商会履行业务主管单位职责，对会员开展思想政治工作、教育培训，对所属商会主要负责人进行考察考核。工商联对其他以民营企业和民营经济人士为主体的行业协会商会加强联系、指导和服务。（3）工商联党组应当支持和配合做好所属会员企业党组织组建工作。工商联党组对所属商会党建工作履行全面从严治党主体责任。

（二）深化机构改革

党的十八大以来，以习近平同志为核心的党中央对党和国家机构进行了一场系统性、整体性、重构性的变革，这也涉及了党领导的统一战线。2018年2月28日中国共产党第十九届中央委员会第三次全体会议通过《中共中央关于深化党和国家机构改革的决定》和《深化党和国家机构改革方案》，明确提出了：中央统战部统一领导国家民族事务委员会、统一管理宗教工作（国家宗教事务局并入）、统一管理侨务工作（国务院侨务办公室并入）。

中央统战部统一领导国家民族事务委员会。为加强党对民族工作的集中统一领导，将民族工作放在统战工作大局下统一部署、统筹协调、形成合力，更好贯彻落实党的民族工作方针，更好协调处理民族工作中的重大事项，将国家民族事务委员会归口中央统战部领导。国家民族事务委员会仍作为国务院组成部门。调整后，中央统战部在民族工作方面的主要职责是，贯彻落实党的民族工作方针，研究拟订民族工作的政策和重大措施，协调处理民族工作中的重大问题，根据分工做好少数民族干部工作，领导国家民族事务委员会依法管理民族事务，全面促进民族事业发展等。

中央统战部统一管理宗教工作。为加强党对宗教工作的集中统一领导，全面贯彻党的宗教工作基本方针，坚持我国宗教的中国化方向，统筹统战和宗教等资源力量，积极引导宗教与社会主义社会相适应，将国家宗教事务局并入中央统战部。中央统战部对外保留国家宗教事务局牌子。调整后，中央统战部在宗教事务管理方面的主要职责是，贯彻落实党的宗教工作基本方针和政策，研究拟订宗教工作的政策措施并督促落实，统筹协调宗教工作，依法管理宗教行政事务，保护公民宗教信仰自由和正常的宗教活动，巩固和发展同宗教界的爱国统一战线等。不再保留单设的国家宗教事务局。

中央统战部统一管理侨务工作。为加强党对海外统战工作的集中统一领导，更加广泛地团结联系海外侨胞和归侨侨眷，更好发挥群众团体作用，将国务院侨务办公室并入中央统战部。中央统战部对外保留国务院侨务办公室牌子。调整后，中央统战部在侨务方面的主要职责是，统一领导海外统战工作，管理侨务行政事务，负责拟订侨务工作政策和规划，调查研究国内外侨情和侨务工作情况，统筹协调有关部门和社会团体涉侨工作，联系香港、澳门和海外有关社团及代表人士，指导推动涉侨宣传、文化交流和华文教育工作等。

国务院侨务办公室海外华人华侨社团联谊等职责划归中国侨联行使,发挥中国侨联作为党和政府联系广大归侨侨眷和海外侨胞的桥梁纽带作用。不再保留单设的国务院侨务办公室。

此外,党的十八大以来,还深化了群团组织工作,强调群团组织改革要认真落实党中央关于群团改革的决策部署,健全党委统一领导群团工作的制度,紧紧围绕保持和增强政治性、先进性、群众性这条主线,强化问题意识,以更大力度、更实举措推进改革,着力解决"机关化、行政化、贵族化、娱乐化"等问题,把群团组织建设得更加充满活力、更加坚强有力。

(三) 健全体制机制

制度带有全局性、根本性和长期性,进一步做好新时代党的统战工作,需要加党领导统一战线的具体制度设计。

一是建立完善统战工作联席会议制度。2015年颁发的《中国共产党统一战线工作条例(试行)》规定,"建立由统战部牵头、党政有关部门参加、社会有关团体参与的联席会议制度,做好新的社会阶层中的党外知识分子工作"。2017年2月,全国新的社会阶层人士统战工作会议强调,要健全新的社会阶层人士统战工作联席会议制度,加强沟通配合,形成工作合力。从实践来看,为了贯彻落实党的十九大强调的"要做好新的社会阶层人士工作,发挥他们在中国特色社会主义事业中的重要作用",为进一步构建分工负责、协同配合的工作机制,形成工作合力,2018年,中央统战部专门召开新的社会阶层人士统战工作联席会议。会议审议通过了《新的社会阶层人士统战工作联席会议制度(修订稿)》。联席会议将通过全体会议、专题会议、专项工作协调会议三种形式,组织各相关部门和单位共同研究完善政策,交流工作经验,解决重点难点问题,有效形成工作合力。

二是完善了民主党派和无党派人士在党政机关任职的具体制度。2020年修订的《中国共产党统一战线工作条例》第十一条指出：省、市两级党委统战部部长一般由同级党委常委担任，县级党委统战部部长由同级党委常委担任或者兼任，分管日常工作的副部长按照同级党委部门正职领导干部配备。民族、宗教工作部门主要负责人具备条件的，可以担任同级党委统战部副部长。工商联党组书记由同级党委统战部副部长担任。高等学校党委统战部部长担任党委常委或者不设常委会的党委委员。

《中国共产党统一战线工作条例》第四十五条还规定：各级法院、检察院领导班子应当配备党外干部。

高等学校领导班子中一般应当配备党外干部，符合条件的党外干部可以担任行政正职。加大在群团组织、科研院所、国有企业领导班子中选配党外干部的力度。

坚持参事室统战性、咨询性和文史研究馆统战性、荣誉性的性质，文史研究馆馆员应当以党外代表人士为主体，党外参事、党外馆员不少于70％。参事室、文史研究馆领导班子中应当配备党外代表人士。

监察委员会、法院、检察院和政府有关部门应当聘请党外代表人士担任司法机关和政府部门特约人员。举荐党外代表人士在有关社会团体任职。

三是明确了党外代表人士在政协应占有一定名额的具体制度。《中国共产党统一战线工作条例（试行）》第三十八条指出：党外代表人士在各级政协中应当占有较大比例，在换届时委员不少于60％，常委不少于65％；在各级政协领导班子中副主席不少于50％（不包括民族自治地方）。全国政协和省级政协应当有民主党派成员或者无党派人士担任专职副秘书长。政协各专门委员会主任、副主任及委员中的党外代表人士应当占有适当比例。

各级政协委员人选推荐工作应当坚持广泛协商，党内的由组织部门提名，党外的由统战部门提名，其中的民主党派成员、非公有制经济人士应当在提名前与民主党派、工商联协商，继续提名的各界别政协委员应当听取政协党组意见。建议名单由统战部门汇总并征求有关方面意见后,由组织部门报同级党委审定,然后按《中国人民政治协商会议章程》规定的程序办理。

四是强调了省级民主党派主委、工商联主席、无党派代表人士一般应当进入同级人大常委会、政府、政协领导班子。《中国共产党统一战线工作条例(试行)》第四十条规定:符合条件的省级民主党派主委、工商联主席、无党派代表人士一般应当进入同级人大常委会、政府、政协领导班子。除特殊情况外,人大常委会、政协领导班子中的党外代表人士应当与担任同级职务的党内干部享受同等待遇。

五是突出非公有制经济人士参政议政。《中国共产党统一战线工作条例(试行)》第四十一条规定:各级人大代表候选人和各级政协委员中应当有适当数量的非公有制经济人士。非公有制企业主要出资人并以经营管理为主要职业的,在推荐安排中应当界定为非公有制经济人士。推荐为人大代表候选人、政协委员以及在工商联等人民团体、社会组织中任职的非公有制经济人士,应当经综合评价,并征求企业党组织、非公有制企业党建工作机构和地方工会组织的意见。

党的十八大以来,以习近平同志为核心的党中央不断加强党对统一战线工作的领导,完善具体领导的体制机制,进一步推动了统一战线工作的有效开展。

三、加强社会主义协商民主建设

党的十八大以来,我们党在总结历史经验的基础上,对协商民主进行总体安排部署。党的十八大首次将健全社会主义协商民主制度写入党的代表大会文件,提出社会主义协商民主是我国人民民主的重要形式。①

(一) 完善协商民主

党的十八大以来,社会主义协商民主获得前所未有的发展。以协商渠道为例:国家政权机关、政协组织和党派团体由3个协商渠道扩展为5个,形成立法协商、行政协商、民主协商、参政协商、社会协商;再从5个协商渠道进一步扩展为7个,提出重点加强政党协商、政府协商、政协协商,积极开展人大协商、人民团体协商、基层协商,逐步探索社会组织协商。与此同时,协商主体更加广泛,协商形式更加多样,协商内容更加丰富,协商层次更加明晰,协商制度不断完善,协商效果日益凸显。

团结和民主是中国人民政治协商会议的两大主题。十八届三中全会贯彻落实党的十八大关于协商民主的战略部署,明确提出协商民主是我国社会主义民主政治的特有形式和独特优势。十八届四中全会提出构建程序合理、环节完整的协商民主体系。习近平总书记在庆祝中国人民政治协商会议成立65周年大会上的重要讲话,是发展社会主义协商民主的纲领性文献,对于协商民主的定位和定性、切实落实推进协商民主的战略任务等,进行了全面系统深刻的阐述。2015年,中共中央印发《关于加强社会主义协商民主建设的意见》,中共中央办公厅、国务院办公厅印发《关于加强城乡社区协商的意见》,以及中共中央办公厅印发《关于加强政党协商的实施意见》。习近平总书记的重要讲话和一系列文件的出台,极大地推动了协商民主的理论研究和实践拓展。在顶层设计上,2017年全国"两会"期间,中共中央办公厅正式印发了《关于加强和改进人民政协民主监督工作的意见》。

---

① 史瑞杰:《协商民主是我国社会主义民主政治的特有形式和独特优势》,载于《光明日报》2018年3月23日。

2015年印发的《关于加强社会主义协商民主建设的意见》（以下简称《意见》）对建设社会主义协商民主具有重要意义。《意见》分为加强协商民主建设的重要意义；加强协商民主建设的指导思想、基本原则和渠道程序；继续加强政党协商；积极开展人大协商；扎实推进政府协商；进一步完善政协协商；认真做好人民团体协商；稳步推进基层协商；加强和完善党对协商民主建设的领导9部分27条。《意见》明确了社会主义协商民主的本质属性和基本内涵，阐述了加强社会主义协商民主建设的重要意义、指导思想、基本原则和渠道程序，对新形势下开展政党协商、人大协商、政府协商、政协协商、人民团体协商、基层协商、社会组织协商等作出全面部署，是指导社会主义协商民主建设的纲领性文件。

（二）推动政党协商

各政治主体在中国共产党的领导下民主协商，是中国特色社会主义制度的特点和优势。1949年，刘少奇代表中国共产党在第一届全国政协会议上的发言描述了政党协商的格局："中国共产党以一个政党的资格参加人民政治协商会议，和其他各民主党派、各人民团体、各少数民族、国外华侨及其他爱国民主分子一起，在新民主主义的共同纲领的基础上忠诚合作，来决定中国一切重要问题。凡是中国共产党参加并一道通过的人民政治协商会议的决议，中国共产党将坚决地执行并为其彻底实现而奋斗。中国共产党将为人民政治协商会议的最高威信而奋斗，不允许任何人来破坏人民政治协商会议，这就是中国共产党对人民政治协商会议今后所要采取的态度"。[①] 经过70年的发展，这种政治协商的格局不断完善：一是协商是中国共产党领导下的协商，二是以

[①] 刘少奇：《加强全国人民的革命大团结》，引自《人民政协重要文献选编》（上），中央文献出版社2009年版，第48页。

宪法为根本遵循和最基本依据，三是围绕国家大政方针展开协商；四是协商的过程也是实现民主、集中统一的过程。

2015年，中共中央《关于加强社会主义协商民主建设的意见》首次提出"政党协商"这一概念，并将之列为社会主义协商民主7种形式之首。《关于加强社会主义协商民主建设的意见》指出：发挥中国特色社会主义政党制度优势，坚持长期共存、互相监督、肝胆相照、荣辱与共，加强中国共产党同民主党派的政治协商，搞好合作共事，巩固和发展和谐政党关系。在涉及政党协商部分，该意见强调了三个方面的内容：第一，继续探索规范政党协商形式。完善协商的会议形式，就党和国家重要方针政策、重大问题召开专题协商座谈会，由中共中央主要负责同志主持；就重要人事安排在酝酿阶段召开人事协商座谈会，由中共中央负责同志主持；就民主党派的重要调研课题召开调研协商座谈会，由中共中央负责同志主持，邀请相关部门参加；根据工作需要，召开协商座谈会，沟通思想、交换意见、通报重要情况，由中共中央负责同志或委托有关部门主持。完善中共中央负责同志与民主党派中央负责同志约谈形式。完善中共中央与民主党派中央书面沟通协商形式。第二，完善民主党派中央直接向中共中央提出建议制度。民主党派中央每年以调研报告、建议等形式直接向中共中央提出意见和建议。民主党派中央负责同志可以个人名义向中共中央和国务院直接反映情况、提出建议。中共中央政治局常委、委员开展的国内考察调研以及重要外事活动，可根据需要、经统一安排邀请民主党派中央负责同志参加。第三，加强政党协商保障机制建设。健全知情明政机制，有关部门定期提供相关材料，组织专题报告会，协助民主党派优化考察调研选题。加强政府有关部门、司法机关与民主党派的联系，视情邀请民主党派列席有关会议、参加专项调研和检查督导工作。完善协商反馈机制，中共中央将协商意见交付有关部门办理，有关部门及时反馈落实情况。支持民主党派加强协商能力建设。①

在此基础上，2015年制定了《关于加强政党协商的实施意见》，该意见强调高度重视政党协商。《关于加强政党协商的实施意见》强调指出：政党协商是中国共产党领导的多党合作和政治协商制度的重要内容，是社会主义协商民主体系的重要组成部分，是中国共产党提高执政能力的重要途径。《关于加强政党协商的实施意见》阐述了政党协商的重要意义、指导思想和深刻内涵，对中央层面政党协商的内容、形式、程序和保障机制做出了具体规定，并从多个方面对中共各级党委加强政党协商提出了明确要求。2015年5月18日正式印发《中国共产党统一战线工作条例（试行）》，以党内法规形式明确了政党协商的内容、形式，2020年修订的《中国共产党统一战线工作条例》对此进一步加以巩固、完善。

一是明确了政党协商的基本内涵。首次对政党协商的定义予以完整明确的界定，指出"政党协商是中国共产党同民主党派基于共同的政治目标，就党和国家重大方针政策和重要事务，在决策之前和决策实施之中，直接进行政治协商的重要民主形式"。②

二是明确了政党协商的指导思想。政党协商以马克思列宁主义、毛泽东思想、邓小平理论、"三个代表"重要思想、科学发展观、习近平新时代中国特色社会主义思想为指导，坚持中国特色社会主义政治发展道路，坚持中国共产党领导的多党合作和政治协商制度，坚持长期共存、互相监督、肝胆相照、荣辱与共的基本方针，发挥我国政党制度优势，巩固发展和谐政党关系，为实现"两个一百年"奋斗目标、实现中华民族伟大复兴的中国梦凝聚智慧和力量。

---

① 《中共中央关于加强社会主义协商民主建设的意见》（2015年1月5日），引自《十八大以来重要文献选编》（中），中央文献出版社2016年版，第293~294页。
② 《关于加强政党协商的实施意见》，中央政府网，2015年12月10日。

政党协商在协调推进四个全面战略布局中具有独特优势和作用。加强政党协商，有利于扩大民主党派和无党派人士有序政治参与、畅通意见表达渠道，有利于增进政治共识、广泛凝心聚力，有利于促进科学民主决策、推进国家治理体系和治理能力现代化。无党派人士是政治协商的重要组成部分，参加政党协商。工商联是具有统战性的人民团体和商会组织，参加政党协商。

三是明确了政党协商的内容。从内容上看，中共中央同民主党派中央开展政党协商的主要内容包括：中共全国代表大会、中共中央委员会的有关重要文件；宪法的修改建议，有关重要法律的制定、修改建议；国家领导人建议人选；国民经济和社会发展的中长期规划以及年度经济社会发展情况；关系改革发展稳定等重要问题；统一战线和多党合作的重大问题；其他需要协商的重要问题。增加了"年度经济社会发展状况""统一战线和多党合作的重大问题"等内容，对一些具体表述作了调整、合并，明确为七个方面，体现了政党协商的政治性、政党性特点。

四是明确了政党协商的形式。政党协商的形式有：（1）会议协商，包括专题协商座谈会。由中共中央主要负责同志主持召开，就党和国家重要方针政策、事关全局的重大问题进行协商，一般每年4~5次。人事协商座谈会。由中共中央负责同志主持召开，就重要人事安排在酝酿阶段进行协商。调研协商座谈会。由中共中央负责同志主持召开，主要就民主党派中央的重点考察调研成果及建议进行协商，邀请有关部门参加，一般每年2次。其他协商座谈会。由中共中央负责同志或委托中共中央统战部主持召开，通报重要情况，听取意见建议。（2）约谈协商。中共中央负责同志或委托中共中央统战部，不定期邀请民主党派中央负责同志就共同关心的问题开展小范围谈心活动，沟通情况、交换意见。民主党派中央主要负责同志可约请中共中央负责同志个别交谈，就经济社会发展以及参政党自身建设等重要问题反映情况、沟通思想。（3）书面协商。中共中央就有关重要文件、重要事项书面征求民主党派中央的意见建议，民主党派中央以书面形式反馈。民主党派中央以调研报告、建议等形式直接向中共中央提出意见和建议。民主党派中央负责同志可以个人名义向中共中央和国务院直接反映情况、提出建议。

五是明确了政党协商的程序。对中央层面的会议协商、约谈协商、书面协商三种协商形式的流程都作了具体明确规定。特别是明确了会议协商制定计划、会前准备、会中协商等具体程序。

从程序上看，（1）会议协商的程序。每年初，中共中央办公厅会同中共中央统战部等部门，在广泛听取民主党派中央意见建议的基础上，研究提出全年会议协商计划，确定议题、时间、参加范围等，报中共中央政治局常委会审议通过后，通报民主党派中央。

中共中央办公厅会同中共中央统战部，根据全年协商计划制定具体工作方案并组织实施。每次会前，一般提前10天告知民主党派中央；有关部门一般提前5天提供文件稿，民主党派中央负责同志集中阅读，相关部门负责同志作解读说明；民主党派中央集体研究准备意见建议。

会议协商中，中共中央负责同志作有关情况说明，民主党派中央主要负责同志发表意见建议，进行交流讨论。

（2）约谈协商的程序。中共中央负责同志提出的约谈，应将相关信息提前告知有关民主党派中央主要负责同志，可根据需要由中共中央办公厅或中共中央统战部负责落实。

民主党派中央主要负责同志提出的约谈，可由中共中央统战部报中共中央，并协助中共中央办公厅落实。

（3）书面协商的程序。中共中央提出的书面沟通协商，由中共中央统战部负责落实。民主党派中央的协商意见由中共中央统战部汇总后报送中共中央。

民主党派中央或其负责同志的调研报告、建议等书面意见，可由其直接向中共中央提出。

六是确立政党协商的保障机制。

1. 知情明政机制。

有关部门应适时向民主党派中央直接提供有关材料。中共中央统战部定期组织专题报告会和情况通报会，邀请有关部门介绍情况。

2. 考察调研机制。

中共中央每年委托民主党派中央就经济社会发展重大问题开展重点考察调研，由中共中央统战部组织实施。中共中央统战部每年召开选题介绍会，协助民主党派中央确定调研题目，协调有关部门参与调研，做好组织保障工作。支持民主党派中央结合自身特色开展经常性考察调研。地方党委和政府应予以积极支持配合。

3. 工作联系机制。

中共中央政治局常委、委员开展的国内考察调研以及重要外事、内事活动，可根据需要、经统一安排邀请民主党派中央负责同志参加。最高人民法院、最高人民检察院和国务院有关部门应加强同民主党派中央的联系，视情邀请民主党派列席有关工作会议、参加专项调研和检查督导工作。

4. 协商反馈机制。

需要办理的协商意见由中共中央办公厅会同中共中央统战部交付有关部门，办理情况一般在3个月内向中共中央办公厅报告，并抄送中共中央统战部，由中共中央统战部反馈民主党派中央。

各省（自治区、直辖市）、市（地、州、盟）党委要结合实际，参照上述规定对开展政党协商作出具体安排。

七是明确了政党协商的保障机制。增加了考察调研机制，并对四种机制作出了具体明确规范，确保了政党协商形式、程序落实到位。《关于加强政党协商的实施意见》颁发实施，有利于扩大民主党派和无党派人士有序政治参与、畅通意见表达渠道，有利于增进政治共识、广泛凝心聚力,有利于促进科学民主决策、推进国家治理体系和治理能力现代化,在协调推进"四个全面"战略布局中发挥独特优势和作用。

八是强调了党委特别是领导干部要增强协商意识。2015年提出的《关于加强政党协商的实施意见》指出:要营造宽松和谐氛围。党委特别是领导干部要带头发扬民主,形成知无不言、言无不尽的协商氛围。坚持真诚协商、务实协商,鼓励和支持民主党派讲真话、建诤言。坚持求同存异、体谅包容,提倡在协商中加强互动交流,允许不同意见表达,在各种观点交融互鉴中凝聚最大共识。要加强协商能力建设。党委特别是领导干部要强化政党协商意识,熟悉政党协商方法,总结政党协商经验,推进政党协商实践。支持民主党派加强领导班子和人才队伍建设,提高履职能力和协商水平。支持民主党派密切与党政有关部门、人民团体、高等学校、科研院所的联系,完善民主党派参政议政工作机制,建立具有自身特色、服务参政议政的智库。

第三章

建构新型政党关系

　　统一战线主要涉及中国共产党与中国共产党之外（即宽泛的党外）的关系，党的统一战线工作包括政党关系、民族关系、宗教关系、阶层关系、海内外同胞关系等。在所有这些关系中，政党关系是摆在第一位的，统一战线工作最重要关系就是党与非党的关系，在比较政党研究中，这个被称为党际关系（inter-party relations），以区别于党内关系（intra-party relations）。这种政党关系首先是中国共产党与各民主党派的关系，①宽泛地讲，也包括了中国共产党党员与其他政党党员的关系，更宽泛地讲，这种政党关系包括了中国共产党与其他国家政党的关系。② 这一章重点介绍中国共产党与八个民主党派的关系，简单来说，这种关系就是领导与被领导关系，这种领导关系贯穿政治协商、民主监督与参政议政全过程。

---

　　① 需要强调的是，一个人既可能是中共党员，同时也是民主党派成员。共产党员不可以加入民主党派；但是民主党派成员可以申请加入中国共产党。因而，这种党员的跨党现象也是中国政党和政党制度的一个特色。
　　② 2017年11月30日至12月3日召开的中国共产党与世界政党高层对话会上，在来自世界120多个国家近300个政党和政治组织的领导人共600多名中外代表出席，各方一致通过《北京倡议》。习近平总书记发表题为《携手建设更加美好的世界》，"不同国家的政党应该增进互信、加强沟通、密切协作，探索在新型国际关系的基础上建立求同存异、相互尊重、互学互鉴的新型政党关系，搭建多种形式、多种层次的国际政党交流合作网络，汇聚构建人类命运共同体的强大力量"。

一、基本关系

在当代世界,绝大多数国家都是由政党来组织、领导国家政权的不同政党之间的竞争与合作关系,就构成了一国的政党体制,也构成了不同的政党关系。政党关系既是复杂的理论问题,也是复杂的实践问题。在竞争性体制下,政党之间的关系以竞争为主,或有部分的合作;在非竞争性体制下,政党之间以合作为主。在当代中国的政治结构中,首先包含的就是中国共产党和民主党派的关系。中国共产党是执政党,民主党派是指中国多党合作制度中除中国共产党之外的八个政党的通称,1945年,毛泽东在中共七大会议上第一次将存在于国共两党之间的政治派别称为"民主党派",之后,民主党派的术语沿用至今,并形成了八个民主党派:中国国民党革命委员会(民革)、中国民主同盟(民盟)、中国民主建国会(民建)、中国民主促进会(民进)、中国农工民主党(农工党)、中国致公党(致公党)、九三学社、台湾民主自治同盟(台盟)。中国民主党派是中国民主政治的一支重要政治力量。

中国的政党关系和政党制度密不可分,实际上,政党之间的(合作和竞争)关系就构成了政党制度(政党体制)。中国共产党领导的多党合作和政治协商制度是我国的一项基本政治制度,中国共产党同各民主党派实行长期共存、互相监督、肝胆相照、荣辱与共的基本方针。各民主党派是与中国共产党团结合作的亲密友党和参政党,而不是反对党或在野党。从这种定位出发,我们可以将中国共产党和各民主党派的关系概括为领导关系和合作关系;领导是基础,领导是合作基础上的领导;合作是方式,是中国共产党领导下的合作。在合作关系上,政治协商、民主监督和参政议政构成了多党合作的基本形态。

费孝通曾经用"一"和"多"进行了一个非常通俗的解释。

1988年2月6日，费孝通前往长春参加民盟吉林省第四次代表大会，开幕式上，他讲到多党合作时，提到了闻一多。他说，多党合作是在共产党领导下的，这是一个新的政治结构，一个格局，内容是什么呢？我们民盟有一位先烈叫闻一多，这个"一"和"多"就可以说明多党合作的内容。共产党领导是"一"，在"一"下面有"多"，这是一个矛盾的统一。"一""多"是领导和合作的关系。其中领导关系是最核心的关系，这种领导关系是中国特色社会主义最本质特征所决定的，后面三种关系是由中国共产党和各民主党派在民主监督、参政议政和政治协商中形成的合作关系。

（一）政治领导

中国共产党和民主党派的关系，首先是领导与被领导关系，即中国共产党领导各民主党派，民主党派要自觉接受中国共产党的领导。1989年通过的《中共中央关于坚持和完善中国共产党领导的多党合作和政治协商制度的意见》中明确规定：中国共产党是社会主义事业的领导核心，是执政党。各民主党派是接受中国共产党领导的，同中共通力合作、共同致力于社会主义事业的亲密友党，是参政党。这就明确了中国共产党的执政地位和各民主党派的参政地位。党的十九大报告指出，中国共产党是最高政治领导力量，这也就是说，在当代中国包括民主党派在内的所有政治力量（如政党、军队、政府、社会组织等），都不能凌驾于中国共产党之上。中国共产党对民主党派的领导，是在历史实践中形成的，是由中国特色社会主义的本质特征所决定的，也是由各政党的章程所决定的。

党的十八大以来，以习近平同志为核心的党中央制定了《中国共产党统一战线工作条例》《中国共产党统一战线工作条例（试行）》《关于加强社会主义协商民主建设的意见》《关于加强政党协商的实施意见》，对党际关系进行了新的规范。

领导主要体现为中国共产党的政治领导，也就是说，中国共产党和民主党派在政治地位上是不对等的，两者之间是领导与接受领导的关系。① 从制度设计和政策规定看，中共对民主党派的领导是政治领导，即政治原则、政治方向和重大方针政策的领导，领导主体是党委而不是部门、是集体而不是个人，② 主要方式是党制定正确的路线方针政策、党员干部发挥模范带头作用、切实照顾同盟者利益、民主协商以及不断加强自身建设等，主要功能是引领方向、创造共识。对此，毛泽东曾有过经典论述："所谓领导权，不是要一天到晚当作口号去高喊，也不是盛气凌人地要人家服从我们，而是以党的正确政策和自己的模范工作，说服和教育党外人士，使他们愿意接受我们的建议。"③ 中国共产党对民主党派的"具体领导"主要体现为两方面：一是中共党委围绕当地中心工作对本级范围内的民主党派组织进行政治领导，使民主党派的履职行为紧紧围绕当地党委和政府的中心工作；二是中共党委支持和帮助民主党派开展具体的自身建设和履职活动。④ 当然，民主党派接受中共领导，但并不因此丧失自身的组织独立性，它们在政治地位上是平等的。

从历史实践看，中国共产党对民主党派的领导是在历史发展中逐步形成的。1948年1月22日，民主党派和无党派人士发表《对时局的意见》，表示愿意接受中国共产党的领导，拥护建立人民民主的新中国。1948年4月30日，中共中央发表纪念"五一"劳动节口号，提出了迅速召开政治协商会议，建立民主联合政府的主张，1948年5月1日，《晋察冀日报》头版头条全文刊发《中国共产党中央委员会发布"五一"劳动节口号》。1949年9月，各民主党派积极参加了中国人民政治协商会议，并参与组建新中国，这意味着各民主党派正式接受了中国共产党的领导，

---

① 黄天柱：《参政党视角下中国新型政党制度的主要特征》，载于《中央社会主义学院学报》2018年第5期。
② 《习近平谈治国理政》（第二卷），外文出版社2017年版，第303页。
③ 《毛泽东论统一战线》，中国文史出版社1988年版，第93页。
④ 肖存良：《中国政治协商制度研究》，上海人民出版社2013年版，第138～146页。

各民主党派也成为人民民主专政下的参政党。中国共产党领导的多党合作、政治协商的格局基本形成，中国共产党领导的多党合作和政治协商制度也基本形成。新中国成立后，中国共产党对民主党派的领导不断完善，而各民主党派也成为自觉接受中国共产党领导、共同致力于社会主义现代化建设和中华民族伟大复兴中国梦的亲密友党。毛泽东在1954年12月同缅甸总理吴努的谈话中就讲到，"中国的各种党派是有差别的，并不在一个水平上，有领导和被领导的分别。中国各民主党派承认中国共产党的领导"。① 几个政党在政治上完全接受另一个政党的领导，在社会主义革命、建设和改革的进程中，逐步巩固下来。

从本质属性看，中国共产党对民主党派的领导也是由中国特色社会主义最本质特征所决定的。党的十九大报告明确提出，中国共产党的领导是中国特色社会主义的最本质特征，是中国特色社会主义制度的最大优势。党的领导地位不是自封的，是历史和人民的选择、是由党的性质决定的，也是由我国的宪法所保障的。② 习近平总书记在《关于深化党和国家机构改革决定稿和方案稿的说明》中指出：在我国政治生活中，党是居于领导地位的，加强党的集中统一领导，支持人大、政府、政协和监察机关、审判机关、检察机关、人民团体、企事业单位、社会组织履行职能、开展工作、发挥作用，这两个方面是统一的。

从法理依据看，宪法以国家根本法的形式，确立、确认了中国共产党领导下进行革命、建设和改革的伟大成就，确认了中国共产党的执政地位，确认了中国共产党在国家政权结构中总揽全局、协调各方的核心地位，为党对民主党派的领导提供了根本法理依据。

从党内规章角度看，各政党章程也各自确认了中国共产党的

---

① 《毛泽东文集》（第六卷），人民出版社1999年版，第375页。
② 中共中央宣传部：《习近平新时代中国特色社会主义思想学习纲要》，学习出版社、人民出版社2019年版，第69页。

第三章　建构新型政党关系

领导核心作用,以及各民主党派自觉接受中国共产党领导的关系。《中国共产党章程》在总纲中规定了中国共产党是中国特色社会主义事业的领导核心,此外,八个民主党派也在序言中规定了其性质"是中国共产党领导的爱国统一战线的组成部分,是同中国共产党通力合作的参政党"。①

---

① 《中国国民党革命委员会章程》总纲规定:中国国民党革命委员会(以下简称"民革"),是具有政治联盟性质的、致力于建设中国特色社会主义和祖国统一事业的政党,是中国共产党领导的多党合作和政治协商制度中的参政党。《中国民主同盟章程》规定:中国民主同盟是中国共产党领导的爱国统一战线的组成部分,是同中国共产党通力合作的中国特色社会主义参政党。中国民主同盟主要由从事文化教育以及科学技术工作的高、中级知识分子组成的,是具有政治联盟特点的、接受中国共产党领导、同中国共产党通力合作,进步性与广泛性相统一的中国特色社会主义参政党。《中国民主促进会章程》总纲规定:中国民主促进会是以从事教育文化出版工作的高中级知识分子为主、具有政治联盟性质的政党,是同中国共产党通力合作的中国特色社会主义参政党。本会坚持中国共产党领导的多党合作和政治协商制度,贯彻"长期共存、互相监督、肝胆相照、荣辱与共"的方针,积极参加国家政权,参与国家大政方针和国家领导人选的协商,参与国家事务的管理,参与国家方针政策、法律法规的制定执行。在国家政治生活中认真履行参政议政、民主监督、参加中国共产党领导的政治协商的基本职能。《中国民主建国会章程》总纲规定:中国民主建国会是主要由经济界人士组成的、具有政治联盟特点的政党,是接受中国共产党领导,与中国共产党通力合作的中国特色社会主义参政党。中国民主建国会是中国共产党领导的多党合作和政治协商制度中的参政党,始终贯彻中国共产党与各民主党派"长期共存、互相监督、肝胆相照、荣辱与共"的方针,接受中国共产党的领导,独立自主地开展工作。《中国农工民主党章程》总纲规定:中国农工民主党是以医药卫生、人口资源和生态环境领域高中级知识分子为主,由一部分社会主义劳动者、社会主义事业建设者和拥护社会主义的爱国者组成的,具有政治联盟特点的中国特色社会主义参政党,是中国共产党领导的多党合作和政治协商制度中,同中国共产党通力合作的亲密友党……中国农工民主党高举中国特色社会主义伟大旗帜,高度认同中国共产党的领导是中国特色社会主义最本质的特征,是中国特色社会主义制度的最大优势,坚决拥护中国共产党这个中国特色社会主义的领导核心。《中国致公党章程》总纲规定:中国致公党是以归侨、侨眷中的中上层人士和其他有海外关系的代表性人士为主组成的、具有政治联盟特点的政党,是中国共产党领导的多党合作和政治协商制度中的中国特色社会主义参政党。中国致公党作为所联系的一部分社会主义劳动者、社会主义事业建设者和拥护社会主义爱国者的政治联盟,是接受中国共产党领导、与中国共产党通力合作的亲密友党,是进步性与广泛性相统一、致力于中国特色社会主义事业的参政党。《九三学社章程》总纲规定:九三学社是以科学技术界高中级知识分子为主的具有政治联盟特点的政党,是接受中国共产党领导、同中国共产党通力合作的亲密友党,是中国特色社会主义的执政地位,坚持中国共产党领导的多党合作和政治协商制度,贯彻"长期共存、互相监督、肝胆相照、荣辱与共"的基本方针,与中国共产党团结合作、相互尊重、友好共处,维护宽松稳定、团结和谐的政治环境,不断巩固和发展中国特色社会主义和谐政党关系。《台湾民主自治同盟章程》总纲规定:台湾民主自治同盟是由台湾省人士组成的社会主义劳动者、社会主义事业建设者和拥护社会主义爱国者的政治联盟,是接受中国共产党领导、同中国共产党通力合作的亲密友党,是中国共产党领导的多党合作和政治协商制度中的中国特色社会主义参政党。本盟坚持中国共产党的领导,按照发扬社会主义民主、体现政治联盟特点、体现进步性与广泛性相统一的原则,继承和发扬优良传统,学习践行社会主义核心价值观,以思想建设为核心、组织建设为基础、制度建设为保障,全面提高整体政治素质,努力把本盟建设成为与中国共产党亲密合作、共同致力于中国特色社会主义事业、适应新时代发展要求的参政党。

所以，中国共产党领导各民主党派，有作为根本大法的宪法、作为中国共产党总规矩和总遵循的《中国共产党章程》，也有八个民主党派的章程加以规定，这种"根本法"的规定显示，各民主党派自觉接受中国共产党领导；从而在中国的国家治理体系中，形成了执政党与参政党的定位。

（二）多党合作

中国共产党和民主党派的第二重关系是相互合作关系，这种合作关系是中国共产党领导下的多党派合作。中国共产党关于统一战线工作的第一部党内法规《中国共产党统一战线工作条例（试行）》，将民主党派职能完善定位为"参政议政、民主监督，参加中国共产党领导的政治协商"，进一步突出了多党合作的领导基础。从法律意义上讲，人民政协显然不能与人民代表大会相比，但正如周恩来曾指出的，"人大、政协两会有权力之分，并无高低之别，政治地位上是平等的"。① 这是一种亲密的友党之间的合作，也就是说，中国的党际关系是一种非竞争性关系，这是中国政治制度独有的特点和优势。多党合作是长期的，毛泽东提出"两个万岁"，即共产党万岁、民主党派万岁；② 周恩来对"两个万岁"的解释是"我们党的寿命有多长，民主党派的寿命就有多长，一直要共存到将来社会的发展不需要政党的时候为止"。③

抗日民主统一战线政权的"三三制"原则首先确立了中共领导下各党派合作的政权模式，毛泽东在《抗日根据地的政权问题》中强调：在人员分配上，共产党员占三分之一，非党的左派

---

① 王邦佐等编著：《中国政党制度的社会生态分析》，上海人民出版社 2000 年版，第 317 页。
② 李维汉：《回忆与研究（下）》，中共党史资料出版社 1986 年版，第 813 页。
③ 中共中央统一战线工作部、中共中央文献研究室编：《周恩来统一战线文选》，人民出版社 1984 年版，第 350 页。

进步分子占三分之一,不左不右的中间派占三分之一。必须保证共产党员在政权中占领导地位,因此,必须使占三分之一的共产党员在质量上具有优越的条件。① 这一制度规定的含义:一是党的领导;二是各党各派合作。在1941年的陕甘宁边区参议会上,毛泽东就曾指出:"国事是国家的公事,不是一党一派的私事。因此,共产党员只有对党外人士实行民主合作的义务,而无排斥别人、垄断一切的权利。""只要社会上还有党存在,加入党的人总是少数,党外的人总是多数,所以党员总是要和党外的人合作,现在就应该在参议会中好好实行起来。"② 1945年,毛泽东指出了多党之间合作的可能:

> 有些人怀疑共产党得势之后,是否会学苏联那样,来一个无产阶级专政和一党制度。我们的答复是:几个民主阶级联盟的新民主主义国家,和无产阶级专政的社会主义国家,是有原则上的不同的。毫无疑义,我们这个新民主主义制度是在无产阶级的领导之下,在共产党的领导之下建立起来的,但是中国在整个新民主主义制度期间,不可能、因此就不应该是一个阶级专政和一党独占政府机构的制度。只要共产党以外的其他任何政党、任何社会集团或个人,对于共产党是采取合作的而不是采取敌对的态度,我们是没有理由不和他们合作的……中国现阶段的历史将形成中国现阶段的制度,在一个长时期中,将产生一个对于我们是完全必要和完全合理同时又区别于俄国制度的特殊形态,即几个民主阶级联盟的新民主主义的国家形态和政权形态。③

这段话强调了:一是多党合作是完全必要的、完全合理的;二是新民主主义国家既是国家形态,也是政权形态,这一形态基

---

① 《毛泽东选集》第二卷,人民出版社2008年版,第742页。
② 《在陕甘宁边区参议会的演说》(1941年11月6日),引自《毛泽东选集》第三卷,人民出版社2008年版,第809页。
③ 《论联合政府》(1945年4月24日),引自《毛泽东选集》第三卷,人民出版社2008年版,第1061~1062页。

于多党派的合作。

中国共产党与其他政党的合作由来已久,第一次国共合作时,共产党员以个人身份加入国民党,同时规定了中国共产党在政治上、思想上和组织上的独立性;第二次国共合作的形式为抗日民族统一战线,实现了"停止内战、全面抗日"的目标。1946年1月10日至31日,由中国国民党、中国共产党、中国民主同盟、中国青年党和社会贤达五个方面的代表在重庆举行的政治协商会议,在中国共产党同各民主党派和无党派人士的通力合作下,最终通过了关于政府组织问题、和平建国纲领问题、国民大会问题、宪法草案问题和军事问题五项有利于人民民主的协议,这是多党合作的一次伟大尝试。

中华人民共和国成立后,党际之间的相互合作关系逐步确立下来。1949年的新政协选举产生的中央人民政府委员、中央人民政府副主席和任命的政务院副总理中,民主党派及无党派人士均占一半。6名副主席中就有3人是党外人士;4名副总理中2人是党外人士;在政务院21名政务委员中,民主人士占11人;政务院下属34个机构的109个正副领导职位中,民主人士占49人,其中正职占15个。这正是民主联合政府的直接外在表现,奠定了中国共产党领导的多党合作格局的基础。中共十二大报告继续坚持中国共产党与各民主党派"长期共存、互相监督、肝胆相照、荣辱与共"的十六字方针,从而将多党合作的政治协商制度建立在更加牢固的基础上。

多党合作是全方位的。《中共中央关于坚持和完善中国共产党领导的多党合作和政治协商制度的意见》总结了中华人民共和国成立以来特别是中共十一届三中全会以来多党合作的成功经验和行之有效的做法,并加以充实、完善,使之制度化、规范化。我国多党合作的内容和形式主要是:(1)政党合作,即中国共产党同民主党派之间的合作与协商。一是中共中央邀请各民主党派领导人和无党派代表人士举行民主协商会,就大政方针问题进行协商;二是邀请民主党派领导人和无党派人士举行谈心活动;三是召开民主党派、无党派人士座谈会,通报交流情况,传达重要文件,听取意见建议,或讨论某些专题。各民主党派和无党派人士,也可以就国家大政方针及其他重大问题,约请中共中央负责人进行交谈。上述各种协商形式,原则上也适用于中共地方党委和民主党派地方组织之间的协商。(2)人大机关合作,在人民代表大会中发挥民主党派成员、无党派人士的作用。在人大代表、人大常委会委员和人大常设专门委员会中,民主党派、无党派人士应占有适当比例;中共人大党组成员应与担任人大领导职务的民主党派、无党派人士经常沟通思想,交流情况,交换意见;人大、人大常委会在组织关于特定问题的调查委员会,人大各专门委员会在组织有关问题的调查研究时,应吸收人大代表中的民主党派成员和无党派人士参加,并可聘请民主党派、无党派的有关专家参与。此外,"政协往往同人大同时举行会议(亦称为'两会'),政协委员列席人大会议等"。[①](3)政权机关合作,在各级人民政府中共产党员同民主党派成员、无党派人士合作共事。由民主党派和无党派人士担任各级国家机关副职或者正职,以此保证和实现执政党与参政党在国家政权中的合作,如2007年,民主党派代表人士万钢、无党派代表人士陈竺分别担任国家科技部、卫生部部长,是中国共产党与民主党派、无党派人士的合作共事取得的重大突破;举荐民主党派成员、无党派人士担任国家和政府及检察、审判机关的领导职务;国务院和各级地方政府召开全体会议和有关会议讨论工作时,视需要邀请民主党派和无党派人士列席;政府及有关部门可聘请民主党派成员和无党派人士兼职、任顾问,或参加咨询机构,也可就某些专题,请民主党派进行调查研究,提出建议。政府有关部门可就专业性

---

① 黄天柱:《参与性政策主体:民主党派在中国公共政策过程中的制度定位新探》,载于《政治学研究》2013年第2期。

问题同民主党派对口协商,在决定某些重大政策措施前,组织有关民主党派座谈,征求意见。聘请一些符合条件和有专门知识的民主党派成员、无党派人士担任特约监察员、检察员、审计员和教育督导员等。(4)政协合作。在人民政协中发挥民主党派的作用,在政协的各种会议上要切实保障政协委员提出批评的自由和发表不同意见的自由。要保证民主党派和无党派人士在政协常委和政协领导人中占有一定比例;在政协会议上,民主党派可以本党名义发言、提出提案;政协各专门委员会要有民主党派和无党派人士参加;政协机关中应有一定数量的民主党派和无党派人士担任专职领导干部。

从内容看,既有政治领域中的合作(集中体现为民主党派履行参政议政、民主监督、参加中国共产党领导的政治协商这三项基本职能的活动),也有经济社会领域中的合作(主要体现为民主党派通过开展形式多样的社会服务活动,事实上发挥了协助执政党和政府提供公共产品、推进社会建设、开展社会治理的作用)。[1] 从运行机制看,多党合作主要表现为政治协商、民主监督和参政议政。[2] 接下来,分别论述政治协商、民主监督和参政议政。

第一种形式是政治协商。民主党派政治协商是社会主义民主的重要形式,也是中国共产党在统一战线中实现党的领导的基本方式。在人民政协的三大职能中,政治协商无疑是核心,民主监督和参政议政与政治协商密切相关。2005年发布的《中共中央关于进一步加强中国共产党领导的多党合作和政治协商制度建设的意见》明确提出:"政治协商是中国共产党领导的多党合作和政治协商制度的重要组成部分,是实行科学民主决策的重要环

---

[1] 黄天柱:《参政党视角下中国新型政党制度的主要特征》,载于《中央社会主义学院学报》2018年第5期。
[2] 有学者概括为:政治协商、合作共事和互相监督。参见王邦佐等编著:《中国政党制度的社会生态分析》,上海人民出版社2000年版,139页。

节,是中国共产党提高执政能力的重要途径。"习近平总书记在党的十八届三中全会讲话指出:政协是协商民主的重要渠道(不是主要渠道——笔者注)。在中国人民政治协商会议成立65周年大会上的讲话中指出:人民政协要发挥作为专门协商机构的作用。党的十九大报告集中概括为:人民政协是具有中国特色的制度安排,是社会主义协商民主的重要渠道和专门协商机构。①

政治协商是中国共产党领导和民主党派参与的有机统一,是中国共产党领导下的政治协商。在中华人民共和国成立以来的政治实践中,中国共产党逐渐形成了与党外人士协商于决策之前和决策执行之中的原则。从进程看,全国政协先后于1989年和1995年制定了《中国人民政治协商会议全国委员会关于政治协商、民主监督的暂行规定》和《政协全国委员会关于政治协商、民主监督、参政议政的规定》。中共中央于1989年制定的《中共中央关于坚持和完善中国共产党领导的多党合作和政治协商制度的意见》,明确了政治协商的原则、内容、程序及具体形式等,政治协商逐步明朗和规范。2005年中共中央制定的《中共中央关于进一步加强中国共产党领导的多党合作和政治协商制度建设的意见》明确指出,"把政治协商纳入决策程序,就重大问题在决策前和决策执行中进行协商,是政治协商的重要原则"。2006年制定的《中共中央关于加强人民政协工作的意见》指出,"把政治协商纳入决策程序,就国家和地方的重要问题在决策之前和决策执行过程中进行协商,是政治协商的重要原则。各级党委要高度重视人民政协的政治协商,统一部署和协调,并认真组织实施。"这条原则要求中国共产党在决策前和决策执行中与党外人士进行政治协商。比如在重大事项决策之前,执政党会同参政党

---

① 习近平:《决胜全面建成小康社会 夺取新时代中国特色社会主义伟大胜利——在中国共产党第十九次全国代表大会上的报告》,人民出版社2017年版,第38页。

进行广泛协商，达成共识之后，再按法律程序交由国家权力机关决定并由行政机关执行。

江泽民提出人民政协与人大、政府"互为补充、相辅相成"，这八个字是对人民政协定位的形象表述，他在讲话中实际上提出了政党领导—政协协商—人大决策—政府实施的政治体制格局，这个格局与"四套班子"的政治格局相对应，体现了人民政协的定位。要"规范党委与人大、政府、政协以及人民团体的关系，支持政协围绕团结和民主两大主题履行职能"。①

2010年中共中央办公厅下发了《关于进一步规范省、自治区、直辖市党委同民主党派、无党派人士政治协商的意见》，对省一级中共党委同民主党派的政治协商原则、内容、形式、程序作了进一步规范。文件明确规定，中共省委办公厅会同统战部对明确的由各民主党派在协商过程中提出来的意见，由相关部门办理，由办公厅跟踪督办。从而从制度上保证了民主党派省级组织参与人民政协的政治协商。

政治协商是中国共产党同民主党派政治合作的一种表现，从形式看，经过多年的实践，中国多党合作制度中的政治协商形成了两种基本方式：一种是中国共产党同各民主党派的协商；另一种是中国共产党在人民政协同各民主党派和各界代表人士的协商。具体而言，"前者是政协全国委员会的全体会议、常务委员会会议、主席会议、常务委员会专题座谈会和各专门委员会会议。政协全国会议每五年举行一次，它与全国人大、政府一起构成了我国现行政治体制的基本框架……后者是中共中央主要领导人邀请各民主党派主要领导人和无党派的代表人士，举行民主协商座谈会。这些形式主要是民主协商会、谈心谈话、座谈会"。②

---

① 政协全国委员会办公厅、中共中央文献研究室编：《人民政协重要文献选编》（下），中国文献出版社、中国文史出版社2009年版，第741页。
② 王邦佐等编著：《中国政党制度的社会生态分析》，上海人民出版社2000年版，第139页。

第三章 建构新型政党关系

1949~1956年，在整个新民主主义社会向社会主义社会过渡时期，党和政府一切重大的法律、政策、重大问题均经过中国共产党与各民主党派民主协商决定，并且在实践中创造了双周座谈会、协商座谈会、最高国务会议等协商方式。贾庆林在参加党的十八大北京代表团讨论时所说："根据新中国成立初期的形式和任务，我们党与各民主党派、无党派人士创造了双周座谈会、协商座谈会和最高国务会议等行之有效的协商方式，在恢复和发展国民经济、推动社会主义改造和建设中发挥了积极作用。"党的十八大至2017年9月以来，中共中央、国务院或委托中央统战部召开的政党协商会议共计112场，其中习近平总书记主持召开或出席的有21场；全国政协双周协商座谈会在中断47年后于2013年重启，截至2018年9月30日已经连续举办87次。①

从内容上看，2017年通过的《中国人民政治协商会议章程》指出：政治协商是对国家和地方的大政方针以及政治、经济、文化和社会生活中的重要问题在决策之前进行协商和就决策执行过程中的重要问题进行协商。中国人民政治协商会议全国委员会和地方委员会可根据中国共产党、人民代表大会常务委员会、人民政府、民主党派、人民团体的提议，举行有各党派、团体的负责人和各族各界人士的代表参加的会议，进行协商，亦可建议上列单位将有关重要问题提交协商。

第二种形式是互相监督。2015年通过的《中国共产党统一战线工作条例（试行）》指出：中国共产党和各民主党派实行互相监督。所谓互相监督，是指各民主党派监督中国共产党，中国共产党也可以监督各民主党派。

2013年初习近平总书记在党外人士迎春座谈会上指出，对

---

① 罗振建、林华山：《改革开放40年统一战线参加国家治理的成就、经验、启示》，载于《广州社会主义学院学报》2019年第2期。

中国共产党而言，要容得下尖锐批评，对党外人士而言要敢于说真话，敢于说逆耳之言。这段话表明了互相监督的深刻内涵。由于中国共产党处于领导和执政地位，更需要自觉接受民主党派的监督，早在1941年，毛泽东就指出："共产党员必须倾听党外人士的意见，给别人以说话的机会。别人说得对的，我们应该欢迎，并要跟别人的长处学习；别人说得不对，也应该让别人说完，然后慢慢加以解释。共产党员绝不可自以为是，盛气凌人，以为自己是什么都好，别人是什么都不好；决不可把自己关在小房子里，自吹自擂，称王称霸"。①党的十八届六中全会通过的《中国共产党党内监督条例（试行）》在制度设计上明确了民主监督与中共党内监督的衔接问题，要求"支持民主党派履行监督职能，重视民主党派和无党派人士提出的意见、批评、建议，完善知情、沟通、反馈、落实等机制"。在监督形式创新上，通过支持民主党派围绕国家和地方的重大改革举措和重要约束性指标开展专项监督，以切实提高民主监督的针对性和有效性。提倡热烈而不对立的讨论、真诚而不敷衍的交流、尖锐而不极端的批评，营造畅所欲言、各抒己见、理性有度、合法依章的民主氛围。

民主党派和无党派人士的民主监督是指在坚持四项基本原则的基础上，通过提出意见、批评、建议的方式对中国共产党进行的政治监督。这种监督是一种政治监督、民主监督。2017年通过的《中国人民政治协商会议章程》指出：民主监督是对国家宪法、法律和法规的实施，重大方针政策的贯彻执行、国家机关及其工作人员的工作，通过建议和批评进行监督。根据2017年中共中央办公厅印发的《关于加强和改进人民政协民主监督工作的意见》，民主监督和其他参政类型的区别在于：人民政协民主

---

① 《在陕甘宁边区参议会的演说》（1941年11月6日），引自《毛泽东选集》第三卷，人民出版社2008年版，第809页。

监督是在坚持中国共产党的领导、坚持中国特色社会主义基础上，参加人民政协的各党派团体和各族各界人士在政协组织的各种活动中，依据政协章程，以提出意见、批评、建议的方式进行的协商式监督。民主监督与政治协商、参政议政职能相互关联，又有所区别。民主监督的重点是党和国家重大方针政策和重要决策部署的贯彻落实情况，监督目的是协助党和政府解决问题、改进工作、增进团结、凝心聚力。人民政协民主监督是我国社会主义监督体系的重要组成部分，是社会主义协商民主的重要实现形式。

2017年中共中央办公厅通过的《关于加强和改进人民政协民主监督工作的意见》明确人民政协民主监督主要内容：（1）国家宪法法律和法规实施情况；（2）党和国家大政方针、重大改革举措、重要决策部署贯彻执行情况；（3）国民经济和社会发展规划、年度计划落实情况、财政预算执行情况；（4）涉及人民群众切身利益的实际问题解决落实情况；（5）国家机关及其工作人员遵纪守法、加强作风建设、密切联系群众、开展反腐倡廉等情况；（6）政协提案、建议案和其他重要意见建议办理情况；（7）参加政协的单位和个人贯彻统一战线方针政策、遵守政协章程、执行政协决议情况；（8）党委交办的其他监督事项。

不同规章制度对监督形式的概括是不同的，分别概述如下：

《中国共产党统一战线工作条例（试行）》系统梳理和列举了十种民主监督形式：（1）在政治协商中提出意见和建议；（2）在党委主要负责人召开的专门会议上对党委领导班子及其成员提出意见和建议；（3）对党委党风廉政建设和反腐败工作提出意见和建议；（4）向党委及其职能部门提出书面意见和建议；（5）参加党委有关方针政策、重大决策部署执行和实施情况的检查，参加廉政建设情况检查、其他专项检查和执法监督工作；（6）受党委委托就有关重大问题进行专项监督；（7）民主党派成员、无党派人士中的人大代表在人大会议中提出意见和建议，参加人大及其常委会和各专门委员会组织的有关调查研究；(8) 在政协召开的各种会议、组织的视察调研中提出意见，或者以提案等形式提出批评和建议；(9) 对人民法院、人民检察院工作提出意见和建议；(10) 担任司法机关和政府部门的特约人员参加相关监督检查工作。

《关于加强和改进人民政协民主监督工作的意见》把人民政协民主监督的形式概括为会议监督、视察监督、提案监督、专项监督以及其他形式监督。

(1) 会议监督。政协有关会议应增加民主监督内容，加大民主监督力度。政协全体会议、常务委员会会议的大会发言应增加监督性内容比重，政协全体会议视情安排界别小组（联组）专题讨论监督性议题。政协常务委员会会议、主席会议、专题协商会、协商座谈会、对口协商会等应安排一定数量的监督性议题。根据议题安排，可邀请有关负责同志出（列）席会议、听取意见、互动交流。政协常务委员会会议、主席会议、秘书长会议应完善对各党派参加政协工作的共同性事务、政协内部重要事务等的协商和监督。

(2) 视察监督。对于涉及改革发展稳定重大问题的监督性议题，政协应根据每次监督任务组织委员视察团，深入实际、深入基层、深入群众，听取情况介绍，实地察看，座谈讨论，着重发现工作中的问题和不足，与有关负责同志交换意见，提出批评和建议，推动党和政府决策部署贯彻落实。

(3) 提案监督。政协应组织政协委员和参加政协的各党派、各人民团体以及政协各专门委员会，通过提案提出意见、批评、建议，开展监督。政协重点提案中应有民主监督性提案，由党委办公厅（室）、政府办公厅（室）、政协办公厅（室）共同交有关部门办理，党政及政协负责同志应加强督办。推进提案内容和办理情况公开，开展提案办理评议。

(4) 专项监督。政协要围绕法律法规实施和党委、政府重要工作落实确定专项监督议题,由政协办公厅(室)和专门委员会组织力量,开展监督性专题调研,抓住重点问题,深入一线明察暗访,摸准情况,分析原因,提出改进意见建议,必要时应持续跟踪监督。

(5)其他形式监督。党委和政府有关部门组织的调查、检查、听证等活动,应视情吸收政协委员参加。政协可应有关部门邀请,推荐特约监督员或组织民主监督小组。重视发挥政协社情民意信息、委员来信来访、委员举报和民主评议等在民主监督中的作用。各级政协要结合实际积极探索创新民主监督方式方法。加强人民政协民主监督同党内监督、人大监督、行政监督、司法监督、社会监督、舆论监督等监督形式的协调配合,更好发挥人民政协民主监督作用。

这两种概括在本质上是相同的,后者的概括更为具体。

第三种形式是参政议政。

参政议政严格来说,参政是指"参加国家政权",也就是,民主党派的主要领导(尤其是党派中央主席、副主席和地方组织的主委)可以在同级别的人大、政协担任一定副职领导人,也包括各党派成员在各级政府部门担任公职——他们同时也会在所属党派担任专职副主席或驻会主委,以更好地发挥作用。[①]"议政"即围绕中国共产党指定的大政方针建言献策。因而,民主党派参政实际上构成了"一个参加、三个参与",即参加国家政权,参与国家大政方针和国家领导人选的协商,参与国家事务的管理,参与国家方针、政策、法律、法规的制定执行。2017年的《中国人民政治协商会议章程》指出:参政议政是对政治、经济、文化和社会生活中的重要问题以及人民群众普遍关心的问题,开展调查研究,反映社情民意,进行协商讨论。通过调研报告、提

---

① 刘艾莉:《民主党派组织发展问题研究》,郑州大学硕士学位论文,2018年,第11~12页。

案、建议案或其他形式,向中国共产党和国家机关提出意见和建议。高度概括了参政议政的内容和形式。

以民革为例,在参政方面,民革党员中,各级人大代表2 408人,各级政协委员12 690人,在政府和司法部门担任省部级职务2人,厅级职务78人,处级职务806人。担任副厅级以上高校正职6人,副职38人,科研院所副职3人,社会团体正职3人,副职9人,国有企业正职4人,副职11人,两院院士3人,长江学者9人。① 在议政方面,十二届政协(2013~2017年)期间,全国政协共收到提案29 378件,经审查立案23 975件,办复率99%。其中政协委员提案21 949件,占比91.5%;政协各专门委员会提案37件,占比0.02%;各民主党派中央、全国工商联提案1 702件,占比7%;有关人民团体提案72件,占比0.03%;界别小组提案215件,占比0.09%。协商民主建设方面,创建双周协商座谈会制度,参会委员以民主党派成员和无党派人士为主。共组织1 635名政协委员、2.85万人次参加各类考察调研和协商会议活动。专题议政性常委会议从每年一次增加到每年两次,专题协商会从每年一次增加到每年至少两次。民革中央也重点围绕其传统工作重点祖国统一、"三农"、社会与法制开展工作。② 这段话就生动形象地表明了民革参政议政的基本情况与类型。

从党际关系看,中国共产党与各民主党派形成了政治领导和多党合作关系。在政治领导和多党合作的进程中,实现了各政党的参政议政。中国共产党是中国特色社会主义事业的领导核心,是执政党;各民主党派是中国特色社会主义参政党,是同中国共产党亲密合作、致力于中华民族伟大复兴

---

① 刘艾莉:《民主党派组织发展问题研究》,郑州大学硕士学位论文,2018年,第17页。

② 刘艾莉:《民主党派组织发展问题研究》,郑州大学硕士学位论文,2018年,第18页。

的亲密友党。执政党而非参政党、友党而非反对党、在野党，这是新型政党关系最本质的特征。

二、基本制度

新型政党关系，不仅体现为中国共产党与各党派通力合作，而且还体现为在合作的过程中形成的、基于中国特色的多党合作和政治协商制度。作为我国的一项基本政治制度，这一制度是中国共产党和各民主党派、无党派人士的伟大政治创造，是从中国的土壤中生长出来的新型政党制度;① 这一制度在中国共产党领导各民主党派政治协商、民主监督和参政议政的进程中，得以丰富完善。中国的政党制度在中国的政治和社会生活中显示出独特的政治优势和强大的生命力，发挥了不可替代的重大作用。1993年3月29日，第八届全国人大一次会议通过《中华人民共和国宪法修正案》，在宪法第十自然段末尾增加了"中国共产党领导的多党合作和政治协商制度将长期存在和发展"，将这一制度以根本大法的形式确立。2018年修订的《中国人民政治协商会议章程》强调：中国共产党领导的多党合作和政治协商制度是我国的一项基本政治制度。

（一）生长于中国土壤

2018年3月4日，习近平总书记在参加全国政协十三届一次会议民盟、致公党、无党派人士、侨联界委员联组会时说，中国共产党领导的多党合作和政治协商制度是从中国土壤中生长出来的新型政党制度。中国共产党领导的多党合作和政治协商制度作

---

① 中共中央宣传部：《习近平新时代中国特色社会主义思想学习纲要》，学习出版社、人民出版社2019年版，第128页。

为我国一项基本政治制度，是中国共产党、中国人民和各民主党派、无党派人士的伟大政治创造，是从中国土壤中生长出来的新型政党制度。① 近代中国政党和政党政治发展的历史表明：两党制、多党制昙花一现、乱象丛生；政党政治的乱象丛生，共产党领导的多党合作制度最终瓜熟蒂落、水到渠成，并不断发展完善。在漫长的过程中，中国共产党与各民主党派逐渐形成了有中国特色的政党制度，以及"长期共存、互相监督、肝胆相照、荣辱与共"的基本方针。

（1）民国初期，议会多党制昙花一现。

武昌起义后，特别是自1912年3月初起，中国政坛迅速地兴起建立各种名目的政党、社团的热潮。据不完全统计，自武昌起义至1913年底，新成立的公开的政治类的团体多达312个。在这些团体中，一部分是政党，一部分是社团，还有一部分介于二者之间，虽然不免泥沙俱下，鱼龙混杂，但这些新成立的政治组织，多数仍是资产阶级的政党、政团。除这些新成立的政党、政团外，辛亥革命前就有资产阶级政党、政团也都进入了民国时期。中国出现了一个空前的政党政团林立的政治局面。

与多党相伴随的是第一次议会政治的尝试。资产阶级革命派在辛亥革命后开始建设资产阶级民主共和国，根据《中华民国临时约法》关于实行议会制、内阁制和保障集会结社自由的规定，原先的革命派、立宪派、守旧派纷纷组党，以便通过竞选掌握议会多数、实现组阁执政，一时间，中国政治舞台呈现出政党林立、彼此纷争的局面，西方的多党竞争制就这样被提到中国的政治生活中进行试验。然而，多党竞争制在中国君主专制的废墟上

---

① 《习近平在看望参加政协会议的民盟致公党无党派人士侨联界委员时强调坚持多党合作发展社会主义民主政治为决胜全面建成小康社会而团结奋斗》，载于《人民日报》2018年3月5日。

引入了一种全新的政治运作模式,给中国政治带来了新鲜空气和一时的蓬勃景象,确立了以现代政党政治取代传统君主政治的价值取向。但是,由于纷争不休的各政党始终把握不到中国社会的主要矛盾和根本任务,提不出反帝反封建的明确纲领;由于当时民族资本主义的经济基础相当薄弱,民族资产阶级的社会力量还很弱小,它们的政党不但不能通过广泛深入的社会动员来放大自己的政治能量,反而因为多党纷争消耗了自己有限的政治力量;由于帝国主义和封建势力居于社会的统治地位,多党竞争制缺乏必要的生存土壤和环境,致使多党竞争制不久就被力量雄厚的帝国主义和封建势力搞垮。

案例1:在辛亥革命传扬民主共和思想的浪潮中,为竞选第一届国会议员,先后建立了300多个大小政派和团体。一时间,千奇百怪之党,蔓延全国,党争不断,有党与党之争,有党与非党之争,更有一党之中一部分与另一部分之争。经过分化、组合,形成了30多个有一定力量的政党,袁世凯以刺杀宋教仁"回敬"了资产阶级党人怀抱的政党政治的理想。至此,民国初期的政党政治活动,因"宋教仁案"的发生,实际上已经归于失败。

案例2:1923年6月,直系军阀首领曹锟指使其党羽采用各种手段进行"逼宫",把总统黎元洪逼出北京,为自己上台当总统扫清了道路。但曹锟既想登上总统宝座,又要披上"合法"外衣,于是就以巨款贿赂国会议员,选举他当总统。9月,在总统选举的预选会上,曹锟以5 000元一张选票,到处收买议员,又以40万元的高价,收买了国会议长,共用去贿赂款1 350余万元。就这样曹锟贿选当上了大总统。史称曹锟为"贿选总统"。

多党竞争的失败,原因之一是制度不成熟,水土不服。对于民国初期昙花一现的多党制，费正清分析指出，一是没有共同目标，① 二是缺乏政治体制并缺乏人民参与。他指出，通过立宪议会和内阁组织政府的想法，是同中国的政治传统脱节的。

原因之二是政党不成熟。从政党来看，李剑农在《中国近百年政治史》中描述了民国初年政党的几种特色，为欧美各国罕见：一是党员的跨党。往往一个党员既挂名于甲党，同时又挂名于乙党，甚至还挂名于丙党。这种跨党行为，有的非出于本人意愿，有的出于本人意愿，后者最为可耻，但在民国初年却是平常；二是党义不过是空洞的招牌……各党区别不甚鲜明；三是一切政党都没有民众做基础。②

原因之三是选举不成熟。从选举来看，民国初期国会的选举规模比三年前的咨议局选举扩大了24倍之多，1909年咨议局选举全国选举人总数不过170多万人，到三年之后的1912年，国会选举的选举人数猛增到4 000多万人。按照全国人口大约4亿人计算，选举人比例从0.4%猛增到10%。经过这样一次选举权的急剧扩张，民国初期第一次国会选举成为当时全世界规模最大的国会选举之一。选民统计不便，已经死掉的人依然会发给投票；还有很多选举人已经学会了用选票换两三角钱或几碗米粉，这总算是一种进步，毕竟他们意识到了选举权是一种有用的权利。

多党政治昙花一现，议会政治最终没能成功。

（2）并非两党制的两次国共合作。

从1924年到大革命之前，国共两党举行了第一次合作，这次合作的目标是统一中国，1927年之后，这次国共合作无疾而终。在一场大革命势在必行的情势下，在多党竞争无法解决中国

---

① 在总统府秘书处工作过的吴玉章回忆道："这个临时政府，既有立宪党人，也有官僚军阀，但革命党人还是占着主要的地位，它是一个以资产阶级为主体的政权。因此，它极力想在中国实现资产阶级的民主政治。但是，由于中国的资产阶级的软弱性，资产阶级民主政治在中国是没有实现的条件的。"

② 李剑农：《中国近百年政治史（1840－1926）》，复旦大学出版社2002年版，第325～328页。

紧迫的民族独立和人民解放问题的深刻教训面前，新建的共产党和准备改建的国民党走到了一起，根据《国民党一大宣言》，两党以党内合作的形式联手革命，极大地壮大了革命力量，很快掀起了国民革命高潮，显示了两个革命政党合作的巨大威力，也似乎预示着"两党合作制"将随着大革命在全国的胜利而上升为新国家的政治制度。但是，国共两党合作过程中的一个重大隐患是，没能有效解决谁来充当领导党这个关键问题，致使两党争夺领导权的斗争愈演愈烈，最后导致两党合作破裂，共产党因国民党的"清党"反共而遭受重创，国民党因投靠帝国主义和封建势力而日益蜕变，严重削弱了反帝反封建的革命力量，造成胜利在望的大革命半途而废，"两党合作制"也随之流产。

虽然这时候国共两党的相似之处远大于其差异：两党都是按照民主集中制原则建立的革命型政党，但这绝非"两党制"，在统一国家的共同使命感召下，以及在共产党员以个人身份加入国民党而形成的第一次国共合作，无论如何不能被视为两党制。

抗日战争胜利后，中国共产党提出改组国民党一党政府、建立联合各党各派共同抗日的民主联合政府的主张，受到各民主党派的欢迎。以后人眼光来看，这可能是中国出现两党合作或轮流执政形成"两党制"的最佳时机，不过最终无果，本书在第二章对此次合作组建联合政府的努力进行了比较详细的论述，但全面内战爆发，此次最有可能成为两党制的国共合作再次无果而终。

（3）多党合作制度逐步完善发展。

1949年以来，中国共产党领导的多党合作和政治协商制度开始步入正轨，成为国家治理体系的重要组成部分，这一时期，又可以分为多个阶段。

第一阶段：1949~1954年的初创阶段。众望所归的民主联合政府以及这一时期的人民政协为新中国的建立作出了重大贡献。1948年4月30日，中共中央发布"五一口号"，号召"各民主党派、各人民团体、各社会贤达迅速召开政治协商会议，讨论并实现召集人民代表大会，成立民主联合政府"。这一口号，得到了各民主党派人士的热烈欢迎。各民主党派、无党派民主人士和各人民团体热烈响应，公开表示接受中国共产党的领导，奠定了中国共产党领导的多党合作和政治协商制度的基础。1949年9月，中国人民政治协商会议第一届全体会议召开，中国人民政治协商会议第一届全体会议的召开和《中国人民政治协商会议共同纲领》的制定，标志着中国共产党领导的多党合作和政治协商制度正式确立。

1949年9月21日至30日，中国人民政治协商会议第一届全体会议在北京召开。与会的14个党派单位，除中国共产党和新民主主义青年团外，还有11个民主党派再加上一个无党派人士①。1949年11月，中国国民党革命委员会、三民主义同志联合会和中国国民党民主促进会统一为一个组织——中国国民党革命委员会；同年12月，中国人民救国会宣布解散。从这一时期开始，中国新型政党制度中的党派关系格局就基本奠定了，它们是作为执政党的中国共产党，具有组织名称的八个民主党派，再加上一个无党派人士。

直至1954年第一届全国人大的召开，中国人民政治协商会议和地方各界人民代表会议分别执行了全国和地方的人民代表大会的职权。所以，周恩来说，"中国人民政治协商会议是负有伟大的建国责任的"。②

第二阶段：1954年之后，多党合作制在曲折中发展。1956

---

① 新中国成立时，我国共有11个民主党派+1个无党派人士，即：中国国民党革命委员会、中国民主同盟、中国农工民党、中国民主建国会、中国民主促进会、九三学社、中国致公党、台湾民主自治同盟、中国人民救国会、三民主义同志联合会、中国国民党民主促进会、无党派民主人士。无党派人士虽然形式上没有结成党派，但长期参加革命斗争，实际上是有党派性的政治力量。

② 周恩来：《关于人民政协的几个问题》（1949年9月7日），引自中共中央统一战线工作部、中共中央文献研究室：《周恩来统一战线文选》，人民出版社1984年版，第137页。

年毛泽东在《论十大关系》中明确提出,"究竟是一个党好,还是几个党好?现在看来,恐怕是几个党好。不但过去如此,而且将来也可以如此,就是长期共存,互相监督"。这标志着中国共产党领导的多党合作和政治协商制度走上发展之路。1954年12月召开的第二届全国政协第一次会议,制定了《中国人民政治协商会议章程》,人民政协作为统一战线性质开始存在。之后,多党合作在一段时期运行出现了曲折,特别是在"文化大革命"中遭到严重破坏。

第三阶段:改革开放以来,多党合作制得以恢复、重建和完善。党的十一届三中全会以后,1979年6月,在全国政协会议上邓小平指出,各民主党派"都已经成为各自所联系的一部分社会主义劳动者和一部分拥护社会主义的爱国者的政治联盟,都是在中国共产党领导下的为社会主义服务的政治力量"。据此,1982年党的十二大报告提出了指导中国共产党和各民主党派关系的根本方针:长期共存,互相监督,肝胆相照,荣辱与共。这个"十六字方针",是对"八字方针"的发展。1989年12月,以江泽民同志为核心的中共中央领导集体制定了《关于坚持和完善中国共产党领导的多党合作和政治协商制度的意见》(以下简称《意见》),《意见》明确指出:"中国共产党是社会主义事业的领导核心,是执政党"。各民主党派是"接受中国共产党领导的,同中共通力合作、共同致力于社会主义事业的亲密友党,是参政党"。《中共中央关于坚持和完善中国共产党领导的多党合作和政治协商制度的意见》标志着中国共产党领导的多党合作和政治协商制度进入新的发展阶段。1992年中共十四大把完善中国共产党领导的多党合作和政治协商制度作为建设有中国特色社会主义理论的主要内容之一和政治体制改革的重要内容。1993年第八届全国人大一次会议通过的宪法修正案将"中国共产党领导的多党合作和政治协商制度将长期存在和发展"载入宪法,从而使实行中国共产党领导的多党合作和政治协商制度上升为国家意志。1997年中共十五大把坚持和完善中国共产党领导的多党合作和政治协商制度列入党在社会主义初级阶段的基本纲领，作为社会主义民主政治建设的基本内容之一。《中华人民共和国宪法》（2004年3月14日第十届全国人民代表大会第二次会议通过的《中华人民共和国宪法修正案》修正）规定：中国新民主主义革命的胜利和社会主义事业的成就，是中国共产党领导中国各族人民，在马克思列宁主义、毛泽东思想的指引下，坚持真理，修正错误，战胜许多艰难险阻而取得的；强调中国各族人民将继续在中国共产党领导下，在马克思列宁主义、毛泽东思想、邓小平理论和"三个代表"重要思想指引下，坚持人民民主专政，坚持社会主义道路，坚持改革开放……并规定中国共产党领导的多党合作和政治协商制度将长期存在和发展。

2007年党的十七大提出了促进"政党关系和谐"的命题。2007年11月，中国政府发表了《中国的政党制度》白皮书，进一步明确了中国的多党合作制度。

第四阶段，新时代的多党合作制度。党的十八大以来，中国特色社会主义进入新时代，统一战线也进入了新的发展阶段。2015年出台的《中国共产党统一战线工作条例（试行）》，成为多党合作制度化、规范化发展的纲领性文献；2018年修订的《中国人民政治协商会议章程》再次强调：中国人民政治协商会议根据中国共产党同各民主党派和无党派人士"长期共存、互相监督、肝胆相照、荣辱与共"的方针，促进参加中国人民政治协商会议的各党派、无党派人士的团结合作，充分体现和发挥我国社会主义政党制度的特点和优势。统一战线的发展进入了新的阶段。

（二）具有独特优势

中国共产党领导的多党合作和政治协商制度是从中国土壤中生长出来的新型政党制度，它是我国的一项基本政治制度，是有中国特色的社会主义政党制度。从性质上看，它不同于一党制，也不同于两党制或多党制,正如2007年发布的《中国的政党制度》白皮书指出:中国实行的政党制度是中国共产党领导的多党合作和政治协商制度,它既不同于西方国家的两党或多党竞争制,也有别于有的国家实行的一党制。这一制度在中国长期的革命、建设、改革实践中形成和发展起来,是适合中国国情的一项基本政治制度,是具有中国特色的社会主义政党制度,是中国社会主义民主政治的重要组成部分。

1979年10月19日,邓小平在全国政协、中央统战部宴请各民主党派和全国工商联代表时评论说:"在中国共产党的领导下,实行多党派的合作,这是我国具体历史条件和现实条件所决定的,也是我国政治制度中的一个特点和优点。"[①] 实践已经证明并将继续证明,从中国土壤中生长出来的新型政党制度,在政治参与、利益表达、社会整合、民主监督和维护稳定等方面发挥出巨大价值和功能,具有巨大的优越性和独特的优势。

一是实现了人民当家作主。中国新型政党制度的新体现在于它是马克思主义政党理论同中国实际相结合的产物,能够真实、广泛、持久代表和实现最广大人民根本利益、全国各族各界根本利益,有效避免了旧式政党制度代表少数人、少数利益集团的弊端。这一制度与人民代表大会制度相适应,实现人民当家作主,而不是少数人的民主。

二是避免党争,能够最大程度达成共识。中国新型政党制度的新体现在于它把各个政党和无党派人士紧密团结起来、为着共同目标而奋斗,有效避免了一党缺乏监督或者多党轮流坐庄、恶性竞争的弊端。中国共产党同各民主党派既亲密合作又互相监督,而不是互相反对。中国共产党依法执政,各民主党派依法参政,而不是轮流执政。

三是推动决策科学化,实现公共利益最大化。中国新型政党

[①] 《邓小平文选》第二卷,人民出版社1994年版,第205页。

制度的新体现在于它通过制度化、程序化、规范化的安排集中各种意见和建议、推动决策科学化民主化，有效避免了旧式政党制度囿于党派利益、阶级利益、区域和集团利益决策施政导致社会撕裂的弊端。

中国的多党合作制度创立了一种新型的政党制度形式，在世界政党制度中独具特色，不同于两党制或多党制，也有别于一党制。在这一制度中，中国共产党与各民主党派长期共存、互相监督、肝胆相照、荣辱与共，共同致力于建设中国特色社会主义和中华民族伟大复兴，形成了"共产党领导、多党派合作，共产党执政、多党派参政"的基本特征。这一制度具有鲜明的特点：

第一，"一党领导，多党合作"。中国的多党合作是在坚持中国共产党领导的前提下进行的。中国共产党在长期的革命和建设实践中确立了自己的领导核心地位，而各民主党派也在新中国成立的历程中逐渐形成了与共产党的合作关系，这是历史的经验。它们之间不是执政党与反对党、在朝党与在野党的关系，而是亲密友党的关系，形成了新型的政党合作模式和政治参与模式。中国共产党的领导，主要是政治、思想和组织领导以及制定大政方针。

第二，一党执政，多党参政。中国共产党是执政党，各民主党派是各自所联系的一部分社会主义劳动者和一部分拥护社会主义事业的爱国者及拥护民族伟大复兴的爱国者的政治联盟，是接受中国共产党的领导，并同共产党通力合作，共同致力于社会主义事业的参政党。

三、人民政协

中国共产党领导的多党合作制度除了宪法和法律的保证外，还有专门的合作机关，即作为爱国统一战线的人民政协。2018

年修订通过的《中国人民政治协商会议章程》指出：1949年9月，中国人民政治协商会议第一届全体会议代行全国人民代表大会的职权，代表全国人民的意志，宣告中华人民共和国的成立，发挥了重要的历史作用。1954年第一届全国人民代表大会召开后，中国人民政治协商会议继续在国家的政治生活和社会生活以及对外友好活动中做了许多工作，作出了重要的贡献。党的十一届三中全会以来，在拨乱反正、巩固和发展安定团结的政治局面，实现国家工作中心向经济建设转移，推进改革开放和社会主义现代化建设，争取实现包括台湾在内的祖国统一，反对霸权主义、维护世界和平的斗争中，中国人民政治协商会议进一步发挥了重要作用。

中国人民政治协商会议全国委员会和地方委员会调整和处理统一战线各方面的关系和中国人民政治协商会议内部合作的重要事项。中国人民政治协商会议全国委员会由中国共产党、各民主党派、无党派人士、人民团体、各少数民族和各界的代表，香港特别行政区同胞、澳门特别行政区同胞、台湾同胞和归国侨胞的代表以及特别邀请的人士组成，设若干界别。中国人民政治协商会议地方委员会的组成，根据当地情况，参照全国委员会的组成决定。

（一）长期存在

人民政协的诞生，正如周恩来所说："可以说是一百多年来民族民主运动牺牲奋斗的果实，也可以说是三十年来新民主主义革命运动获得胜利的集中表现。假如没有一百多年来的革命运动的历史积累，尤其是三十多年来的新民主主义革命运动，便不可能有今天这样济济一堂的政治协商会议。"[①] 本书第一章，对于民主党派，以及中国人民政治协商会议，已经从历史发展的角度

[①] 中共中央统一战线工作部、中共中央文献研究室编：《周恩来统一战线文选》，人民出版社1984年版，第135页。

作了初步讨论。这节将更为详细地讨论政协的存废之争。讨论人民政协的存废，主要是两个问题：一是民主党派是否还有存在的必要，特别是在社会主义改造之后，只剩下两个阶级一个阶层，民主党派所代表的特定社会阶级已经消亡，民主党派还有存在的必要吗？二是《共同纲领》的序言明确认定："中国人民政治协商会议代表全国人民的意志，宣告中华人民共和国的成立，组织人民自己的中央政府。"但随着全国人民代表大会的召开，人民政协不再履行国家权力机关职责，政协还有必要存在吗？

从当时的讨论看，人民政协和民主党派有其存在的必要性，其理由主要在于：一是共产党是人口的少数；二是人民政协具有爱国性质；三是各党派存在的阶级基础还在；四是民主党派对中国革命有功，是有巨大的代表性的。

一是共产党是人口的少数。即使是普选的全国人民代表大会召开后，政协会议依然有存在的必要。周恩来在谈到解放后要团结广大人民群众时已经指出了这点，中华人民共和国成立初期的党员数只有300万人，而全国人口有4亿7 500万人，因此，必须与党外团外的人士合作。对于新政权的包容性，他指出"我们今天是新中国的主人，不能讲起来是无产阶级领导的人民大众的政权，人民民主的国家，可是做起来却是一小圈圈人，不像个领导者，反倒像个孤立主义者，做的跟说的不一样。"[①] 人民政协无疑是这种政治策略的最好的形式和组织。

二是人民政协具有爱国性质，发挥重要功能。周恩来多次指出，中国人民政治协商会议是一个包含了工人阶级、农民阶级、城市小资产阶级、民族资产阶级和一切爱国民主人士的统一战线组织。既然是这样一个组织，就不应该开一次会议就结束，而应

---

① 周恩来：《团结广大人民群众一道前进》（1949年4月22日），引自中共中央统一战线工作部、中共中央文献研究室：《周恩来统一战线文选》，人民出版社1984年版，第122页。

该长期存在。中国人民政治协商会议是个长期性的组织。① 政协会议还将对中央政府的工作起协商、参谋和推动的作用。②

三是各党派存在的阶级基础还在。社会是分阶级（或阶层）的，那么，各党派就有存在的必要，"新民主主义时期既有各阶级的存在，就会有各党派的存在"③。即使在社会主义改造完成之后，在全面建设社会主义现代化建设时期，在改革开放新时期以及中国特色社会主义新时代，各民主党党派依然有存在的必要。也就是说，中国共产党的寿命有多长，民主党派的寿命就有多长，一直要共存到将来社会的发展不需要政党的时候为止。

四是民主党派对中国革命有功，是有巨大的代表性的。值得注意的是，沈钧儒等领导的人民救国会，在参加人民政协会议后，于1949年12月宣布"光荣解散"；九三学社在政协会议后也着手草拟解散宣言，酝酿解散。民主同盟也因为种种原因，不少领导人也主张解散。这一情况引起中共中央的重视。1950年2月毛泽东访问苏联回到北京后，听到救国会解散的消息，惋惜地说，救国会是进步团体，不应当解散。并表示民主党派不能取消，不但要继续存在，而且还要继续发展。他亲自找沈钧儒，力劝不要解散民盟。周恩来在民盟四中扩大会议上发表讲话说，民主党派在中国革命中是有贡献的，不论民盟还是其他民主党派都应当继续存在下去。

1950年3月16日，第一次全国统战工作会议在北京召开。李维汉在《人民民主统一战线的新形势与新任务》的报告中，对中华人民共和国成立初期统一战线的形势和任务以及各方面统战工作的基本政策，作了明确阐述。李维汉在第一次全国统工

---

① 周恩来：《关于人民政协的几个问题》（1949年9月7日），引自中共中央统一战线工作部、中共中央文献研究室：《周恩来统一战线文选》，人民出版社1984年版，第136页。

②③ 周恩来：《人民政协共同纲领草案的特点》（1949年9月22日），引自中共中央统一战线工作部、中共中央文献研究室：《周恩来统一战线文选》，人民出版社1984年版，第146页。

作会议作的《人民民主统一战线的新形势与新任务》报告中，分析了当时的关门主义倾向和敷衍主义倾向：

有人甚至这样发问："革命胜利了，为什么还要统一战线？"也有人口头上承认统一战线的必要性，也承认与党外人士合作的原则，但在实际上却怕麻烦和不放心，不愿与党外人士合作，或者只要进步分子，不要中间分子，更不要中右分子。此外，也存在着敷衍主义倾向，认为统一战线只是一种手段，拉拢拉拢，做做样子而已，因而不认真地有系统地去进行统一战线工作，事到临头，便仓皇失措，不"左"则右。

1950年4月12日、13日，周恩来到第一次全国统战工作会议连续作了两次重要报告，第一次报告的内容主要是讲国内外形势和如何处理好人民民主统一战线中的四个关系，即阶级关系、党派关系、民族关系和上下关系的问题。第二次报告是讲《发挥人民民主统一战线作用的四个问题》，周恩来在报告中明确提出，"中国的各个民主党派是从中国的土壤中生长出来的""不能用英、美政党的标准来衡量他们"。他进一步强调指出，我国的人民民主专政是共产党领导的人民民主统一战线的政权，"民主党派在人民民主统一战线中起着相当重要的作用，任何忽视或轻视民主党派作用的倾向，都是不对的"。周恩来同志的这两次报告，全面深刻地论述了人民民主统一战线在中华人民共和国成立初期所面临的形势、任务和统一战线内部的各种关系，批驳了会议上暴露出来的"左"的观点，明确具体地回答了会上提出的各种问题，对于提高认识，贯彻统战政策，更好地发挥人民民主统一战线的作用，有很重要的指导意义。会议期间，毛泽东听取了汇报，批评了轻视民主党派作用的倾向。他说，有人认为民主党派只是一根头发的功劳，一根头发拔去不拔去都没有什么关系，这种说法是不对的。民主党派和民主人士是联系资产阶级、小资产阶级的，从他们背后联系的人们看，就不是一根头发，而是一把头发，就不可藐视。他还指出，从整体看，从长远看，必须要有民主党派，要把民主党派的干部看成跟我们的干部一样。我们对民主党派在抗日战争时有"团结、抗战、进步"的口号，今天应该是"团结、建设、进步"！

1956年，毛泽东指出："究竟是一个党好，还是几个党好？现在看来，恐怕是几个党好。不但过去如此，而且将来也可以如此，就是长期共存，互相监督。"① 邓小平曾这样评价各民主党派的历史功绩："我国各民主党派在民主革命中有过光荣的历史，在社会主义改造中也作了重要的贡献。这些都是中国人民所不会忘记的。"② 也就是说，虽然民主党派存在的阶级基础已经不复存在，但民主党派"对中国革命有贡献""负有伟大的建国重任"，在社会主义改造中发挥了重要作用。江泽民在1990年指出，人民政协在我国政治生活中具有不可替代的作用，它与人大、政府互为补充、相辅相成。③ 在我们这个幅员辽阔、人口众多、多民族、多党派的社会主义国家里，关系国计民生的重大问题，要通过人民政协进行协商，广泛听取各民主党派、人民团体和各界人士的意见，由人民代表大会行使国家权力进行决策，由人民政府执行实施。这样一种政治体制集中体现了我国广泛的人民民主，对于我们实现决策科学化、民主化，避免或减少决策失误，保证各方面政策贯彻执行，都具有十分重要的意义。④ 江泽民在1990年的一次讲话中指出，"我们坚持共产党对民主党派的领导"，但"又不能要求民主党派跟我们共产党一样，那还要民主党派干什么？要把民主党派变得跟共产党完全一样，它就没有作用了"。⑤ 李瑞环认为，"能够听到一些在我们党内听不到的意见""是民主党派存在最重要的理由和根据""如果民主党派的

---

① 《建国以来毛泽东文稿》第6册，中央文献出版社1992年版，第94页。
② 《邓小平文选》第二卷，人民出版社1994年版，第186页。
③④ 政协全国委员会办公厅、中共中央文献研究室编：《人民政协重要文献选编》（中），中央文献出版社、中国文史出版社2009年版，第489页。
⑤ 中央统战部研究室编：《历次全国统战工作会议概况和文献（1988—1998）》，华文出版社1998年版，第8页。

意见和共产党完全一样，我们说什么，你们就都说什么，这只是多了一部分而已，多党合作的意义就不存在了"①。

2005年2月，中共中央颁发的《关于进一步加强中国共产党领导的多党合作和政治协商制度建设的意见》指出，各民主党派同中国共产党长期风雨同舟、患难与共，为中国革命、建设、改革事业作出了重要贡献，是发展先进生产力、社会主义民主政治、社会主义先进文化和构建社会主义和谐社会的一支重要力量，也是实现祖国统一、民族振兴的一支重要力量；发挥无党派人士的作用是坚持和完善中国共产党领导的多党合作和政治协商制度的必然要求。

党的十八大以来，习近平总书记提出了"人民政协是国家治理体系的重要组成部分"的观点，中国人民政治协商会议将长久存在下去。作为有广泛代表性的统一战线组织，2018年修订的《中华人民共和国宪法》对中国人民政治协商会议进行了高度评价：过去发挥了重要的历史作用，今后在国家政治生活、社会生活和对外友好活动中，在进行社会主义现代化建设、维护国家的统一和团结的斗争中，将进一步发挥它的重要作用。中国共产党领导的多党合作和政治协商制度将长期存在和发展，这也就意味着，民主党派要长期存在下去。

（二）党派机关

人民政协既不是国家机关，又不是一般的社会团体。毛泽东就曾说过："政协不仅是人民团体，而且是各党派的协商机关，是党派性机关""人大已包括各方面，常委会是人大常设机关，代表性当然很大，但它不能包括所有的方面，所以政协仍有存在

---

① 转引自中央社会主义学院等编：《统一战线基础理论研究》，华文出版社2002年版，第149页。

第三章 建构新型政党关系

的必要,而不是多余的。"① 针对这一点,毛泽东特别强调指出,政协不能搞成国家机关,因为人大和国务院是国家权力机关和国家管理机关,如果把政协也搞成国家机关,那就成为二元化了,这样就重复了,分散了,民主集中制就讲不通了。② 改革开放以来,1982 年宪法规定了人民政协的性质、地位和作用,1989 年通过的《中共中央关于坚持和完善中国共产党领导的多党合作和政治协商制度的意见》强调:"人民政协是我国爱国统一战线组织,也是共产党领导的多党合作和政治协商的一种重要组织形式。"2018 年修订的《中国人民政治协商会议章程》再次强调指出:中国人民政治协商会议是中国人民爱国统一战线的组织,是中国共产党领导的多党合作和政治协商的重要机构,是我国政治生活中发扬社会主义民主的重要形式。

首先,人民政协是统一战线的组织形式。正如周恩来在政协第一次全体会议的报告中指出:"在整个新民主主义时期,这样一个统一战线应当继续下去,而且需要在组织上形成起来,以推动它的发展。大家同意,中国人民政治协商会议,就是它的最好的组织形式。"③ 在 1954 年第一届全国人民代表大会召开前,人民政协代行了人民代表大会的职权;到了 1954 年,政协就由"代行议会"变成了咨议机构。1954 年 12 月召开的第二届全国政协第一次会议,制定了《中国人民政治协商会议章程》,人民政协作为统一战线性质开始存在。1956 年毛泽东提出"长期共存、互相监督"之后,各民主党派就一直存在,作为民主党派的统一战

---

① 《建国以来毛泽东文稿》第 4 册,中央文献出版社 1990 年版,第 634 页注释 [1]。
② 政协全国委员会办公厅、中共中央文献研究室:《人民政协重要文献选编(上)》,中央文献出版社、中国文史出版社 2009 年版,第 56、80 页。引自全国政协办公室编写组:《政协委员手册》,中国文史出版社 2002 年版,第 70 页。
③ 周恩来:《人民政协共同纲领草案的特点》(1949 年 9 月 22 日),引自中央文献研究室:《建国以来重要文献选编》第 1 册,中央文献出版社 1992 年版,第 14 页。

线组织，政治协商会议就成为新中国的政治制度的组成部分。

其次，人民政协是多党合作和政治协商的重要机构。1949年的政协章程修改，增加了人民政协是"中国共产党领导的多党合作和政治协商的重要机构""中国共产党领导的多党合作和政治协商制度将长期存在和发展"的文字，这样，政协除了是统一战线的组织外，还是多党合作和政治协商机构。在最初的单位构成上，政协全体会议涵盖党派、区域、军队、团体和特邀五个方面。在政协全国委员会层面，党派和团体的代表为其主体。从第二届政协的章程开始，规定了政协的基本任务是"在中国共产党领导下，将继续通过各民主党派、各人民团体的团结，更广泛地团结全国各族人民，共同努力，克服困难，为建设一个伟大的社会主义国家而奋斗"。① 毛泽东指出："政协是全国各民族、各民主阶级、各民主党派、各人民团体、国外华侨和其他爱国民主人士的统一战线组织，是党派性的，它的成员主要是党派、团体推出的代表。"②

政治协商主要表现为两个方面：其一是在中国共产党作出重大决策或者决策执行中，与各民主党派、无党派人士和各界代表人士进行民主协商，广泛征求意见，让决策更为科学。其二是各民主党派、无党派人士和各界代表人士代表自己所联系的社会阶层、社会群体，就一些重大问题开展民主协商，达成共识。因而，政治协商有两个类型：一是政党协商，即中国共产党与各民主党派的协商，多党合作的过程就是政党协商的过程；二是政协协商，即在人民政协这一组织内，中国共产党同各民主党派、无党派人士、社会各界代表之间的协商。

最后，人民政协是社会主义民主的实现形式。2004年的政

---

① 《建国以来重要文献选编》，中央文献出版社1993年版，第705页。
② 《关于政协的性质和任务》（1954年12月19日），引自《毛泽东文集》第6卷，人民出版社1999年版，第384~385页。

协章程修正案提出,人民政协不仅是统一战线的组织,党派合作和政治协商的机构,而且是"我国政治生活中发扬社会主义民主的重要形式"。1991年,江泽民提出社会主义民主有两种形式:"人民通过选举、投票行使权利和人民内部各方面在选举和投票之前进行充分协商,尽可能就共同性问题取得一致意见,是我国社会主义民主的两种重要形式。"① 这一观点被写入了2006年《中共中央关于加强人民政协工作的意见》,成为党和国家关于社会主义民主的权威界定。2007年,国务院新闻办公室发表《中国的政党制度》白皮书,将这一观点简明表述为"选举民主与协商民主相结合,是中国特色社会主义民主的一大特点",由此第一次确认了选举民主和协商民主这两种民主形式。党的十八大以来,协商民主的分量日益加重。党的十八大报告首次提出"社会主义协商民主是我国人民民主的重要形式"。② 2015年中共中央印发《关于加强社会主义协商民主建设的意见》,是党的历史上第一次以协商民主为主题的文件。党的十九大报告进一步指出:"协商民主是实现党的领导的重要方式,是我国社会主义民主政治的特有形式和独特优势。"③

总之,作为党派性质的机关,中国人民政治协商会议是中国人民爱国统一战线的组织;是中国共产党领导的多党合作和政治协商的重要机构、重要组织形式;是中国政治生活中发扬社会主义民主的一种重要形式;是各党派、各人民团体、各界代表人士团结合作、参政议政的重要场所。

---

① 江泽民:《在七届全国人大四次会议,全国政协七届四次会议党员负责人会议上的讲话》,《江泽民论有中国特色社会主义》(专题摘编),中央文献出版社2002年版,第347页。
② 胡锦涛:《坚定不移沿着中国特色社会主义道路前进,为全面建成小康社会而奋斗》(2012年11月8日),载于《人民日报》2012年11月18日。
③ 习近平:《决胜全面建成小康社会,夺取新时代中国特色社会主义伟大胜利——在中国共产党第十九次全国代表大会上的报告》,人民出版社2017年版,第38页。

第四章

铸牢中华民族共同体意识

民族、宗教无小事,党的十九大报告指出:深化民族团结进步教育,铸牢中华民族共同体意识,加强各民族交往交流交融,促进各民族像石榴籽一样紧紧抱在一起,共同团结奋斗、共同繁荣发展。全面贯彻党的宗教工作基本方针,坚持我国宗教的中国化方向,积极引导宗教与社会主义社会相适应。① 党的十九大报告在谈到民族工作和宗教工作时明确提出的"铸牢中华民族共同体意识"这一思想,2017年10月,党的十九大对党章作出部分修改,其中就包括增写"铸牢中华民族共同体意识"。党的十九届四中全会在回顾中华民族迎来了从站起来、富起来到强起来的伟大飞跃的伟大实践基础上,总结出我国国家制度和国家治理体系具有多方面的显著优势,其中一个方面的显著优势就是"坚持各民族一律平等,铸牢中华民族共同体意识,实现共同团结奋斗、共同繁荣发展的显著优势"。以共同体来强调中华民族,具有非常深刻的意义和价值。在我国,宗教问题和民族问题密切相关,因而,无论是民族问题的处理,还是宗教问题的处理,都变得十分复杂。本章将分析统一战线工作中的民族关系和宗教关系。

---

① 习近平:《决胜全面建成小康社会,夺取新时代中国特色社会主义伟大胜利——在中国共产党第十九次全国代表大会上的报告》,人民出版社2017年版,第40页。

第四章 铸牢中华民族共同体意识

一、像石榴籽一样紧紧抱在一起

中国是一个统一的多民族国家，民族问题是关系到国家统一和民族生存的重大问题，也是历代统治者所面临的重大的政治问题。民族问题不仅是一个政治问题，也是一个社会问题，复杂性和长期性是它的显著特点，因为民族关系到社会稳定、国家发展，中国共产党从成立之初，便已经意识到了民族问题和国家统一问题密不可分，并提出了自己对民族问题的看法，在经过一系列的发展后，最终形成了今天的民族区域自治制度。

但在历史上，中国各民族也出现过多而不统，甚至互相征战的情况。因此，如何处理民族问题，是历任统治者所关注的重大问题之一。在当代，它也成为衡量一个政党是否善于执政的标志之一，是一个民族是否走向成熟，从而在世界舞台上占据一席之地的重要变量。维护民族团结和统一，是一个重大的政治问题。新中国成立后，中国实行了民族区域自治制度，这是我国的一项重要的政治制度。《中华人民共和国宪法》规定：各少数民族聚居的地方实行区域自治，设立自治机关，行使自治权。各民族自治地方都是中华人民共和国不可分离的部分。这就从根本上保证了我国实行民族区域自治制度。但是这一制度并不是天然形成的，而是经历了一个漫长的发展过程，而中国共产党对民族问题认识的不断深化，导致了中国共产党民族政策的转变，并形成、发展、演变与完善。

（一）从民族自决到民族区域自治

新中国成立后，保证各民族地区真正实行民族区域自治制度，保证各民族依法自主管理本地方、本民族的事务，成为中国共产党领导的中华人民共和国最基本的民族政策。不过，从历史上看，中国共产党的民族政策，经历了相当复杂的演变。由于党对民族问题的认识是逐步深化的，因而，在党的民族政策上，也出现了几个不同的发展阶段。

第一阶段可概括为承认民族自决权时期。

早期的中国共产党对民族问题的关注更多集中在与联邦制的争论上，其政策变化反映了对联省自治的联邦看法的变化。中国共产党最早提到民族政策是在中共二大，由于军阀割据，主张联邦制、联省自治观点盛极一时，中国共产党也迎合时势，主张民族自治，成立联邦共和国。这是中共在民族问题上主张联邦制的最早阐述，也是中共最早提出的民族政策。在中共二大的相关决议中，我们可以看到中共对国家结构设想的三个名词：民主共和国[1]、民族自治邦、中华联邦共和国。其间的关系是：以汉族为主体建立民主共和国，联合少数民族的民族自治邦，成了联邦制的中华联邦共和国。中共二大否定了在大陆实行联邦制，主张与少数民族实行联邦制度建立共和国。

之后，一直到中共六大，中共提及的民族政策基本上以承认民族自决权为要旨，"统一中国，承认民族自决权。"[2] 1929 年的《共产党宣言》依据中共六大指示，发布了十大政纲，其中第三条规定：统一中国，承认满、蒙、回、藏、苗、瑶各民族的自决权。[3]

第一次国共合作失败后，中国共产党开始了独立的革命斗争，并于1930 年成立了中华苏维埃共和国。苏维埃共和国对民

---

[1] 对于民主共和国，毛泽东在1938 年2 月《同合众社记者王公达的谈话》中指出："我们的主张是民主共和国，便是全国所有不愿当亡国奴的人民，用无限制的普选方法选举代表组织代议机关这样一种制度的国家。这种国家就是民权主义的国家，大体上是孙中山先生早已主张了的，中国建国的方针应该向此方向前进。"参见《毛泽东文集》第二卷，人民出版社1999 年版，第102 页。

[2] 中央档案馆编：《中国共产党第二次至第六次全国代表大会文件汇编》，人民出版社1981 年版，第212 页。

[3] 彭明主编：《中共现代史资料选辑》，中国人民大学出版社1988 年版，第133 页。

族问题也作了详细的规定,具体体现在1931年11月7日公布的《中华苏维埃共和国宪法大纲》,其核心要义依然是"承认中国境内少数民族的自决权",并强调"一直承认到弱小民族有同中国脱离,自己成立独立的国家的权利。蒙、回、藏、苗、黎、高丽人等,凡是居住中国地域内的,他们有完全自决权:加入或脱离中国苏维埃联邦,或建立自己的自治区域"①等内容。

简单来看,中国共产党早期的民族政策基本继承了马克思列宁主义的基本观点,即承认民族自决权,而且认为民族问题对于中国革命的重大意义。在国家结构上,主张与少数民族组成联邦制的国家,甚至也承认少数民族也可以分离出去成立独立国家的权利。之后,形势的发展,使得中共逐渐放弃了关于民族自决权的提法,对于少数民族可以独立建国的思想,则予以了完全的抛弃。日本帝国主义的入侵,无疑是最重要的一个变量。

第二阶段可概括为主张建立联合政府时期。

抗日战争爆发后,随着日本帝国主义全面侵华的开始,中国的国内形势发生了急剧的变化。中国共产党开始逐步主张建立联合政府,民族区域自治思想得以提出并得到了初步实施。在1939年发表的《中国革命和中国共产党》一文中,毛泽东表示:中国是一个由多数民族结合而成的拥有广大人口的国家。在中日矛盾上升为中华民族的主要矛盾以来,中共及时调整了自己的民族政策,在提到回民族的问题时,认为"在共同抗日的原则下,允许回族有管理自己之权"②。实现建立统一联合的三民主义的新共和国。③

在反对帝国主义面前,各民族逐渐结合成一个统一的战线,

---

① 彭明主编:《中共现代史资料选辑》,中国人民大学出版社1988年版,第287、288页。
② 《关于回回民族问题的提纲》,引自《李维汉选集》,人民出版社1987年版,第128页。
③ 《中共中央抗日民族统一战线文件选编》(下),档案出版社1986年版,第445~449页。

一个统一的中华民族也开始形成。中国共产党逐渐意识到，民族统一是中国最重要的目标，而民族统一必然是一个多民族国家的团结和统一。1941年5月1日颁布的《陕甘宁边区施政纲领》第17条规定：依据民族平等原则，实行蒙、回民族与汉族在政治经济文化上的平等权利，建立蒙、回民族的自治区，尊重蒙、回民族的宗教信仰与风俗习惯①，该施政纲领第一次提到了民族自治区。依照施政纲领，内蒙古自治区最早开始予以实行。1945年10月23日中央在关于内蒙古工作方针的指示中指出："根据和平建国纲领要求民族平等自治，但不应提出独立自决口号。"这是中国共产党主张民族区域自治、反对民族自决的重要标志。

从自决到自治，从主张可以独立到成立联合政府，区域自治等思想已经提出，中国共产党对民族问题的思考开始走向成熟。

第三阶段可概括为民族区域自治的形成阶段。

民族区域自治是在国家统一领导下，在少数民族聚居的地区实行区域自治，设立自治机关，行使自治权，以保障少数民族管理本民族事务和当家作主的管理国家事务的权利。

民族区域自治制度的实施要早于中华人民共和国的成立。1947年3月23日，《中央关于内蒙古自治问题的指示》指出：内蒙古民族自治政府与中国的关系问题，在大会宣言中应确定内蒙古自治政府非独立政府，它承认内蒙古民族自治区仍属中国版图，并愿为中国真正民主联合政府之一部分。②指示还强调：同意立即成立内蒙古自治政府，并就内蒙古自治政府与内蒙古尚未解放地区的关系，自治政府纲领问题，内蒙古自治区与各解放区的关系，成立内蒙古统一的党组织等问题，作了具体指示。

值得强调的是：其中对于内蒙古自治区与各解放区的关系，

---

① 《毛泽东文集》第二卷，人民出版社1999年版，第337页。
② 中央档案馆编：《中共中央文件选集》（16册），中共中央党校出版社1991年版，第431页。

提出了要根据两个原则来解决：一是地区划分，二是地区联系。在政权方面，在解放区（或省）政府中设立内蒙古民族委员会，在军队上，自治区政府建立独立的蒙民武装部队，军政归自治区，指挥作战归人民解放区军区。另外，特别提及自治区政府与中共的关系不要在纲领中规定。

根据中共中央的指示，4月23日，内蒙古人民代表会议召开，大会讨论通过了"政治报告"《内蒙古自治政府施政纲领》《内蒙古自治政府暂行组织大纲》《内蒙古人民代表会议宣言》。

1947年5月1日，内蒙古自治区正式成立，这是当时第一个省级自治区政府，其时新中国尚未成立。将"民族自治"与"地方自治"（在中华人民共和国的民族政策话语中即是"区域自治"）合二为一的内蒙古自治区，为中国共产党日后解决中华人民共和国的民族问题提供了一种具体的政策模式。[①] 内蒙古自治政府的成立，是毛泽东思想民族理论和中国共产党长期探索形成的解决国内民族问题基本政策的一次伟大实践，并且取得了巨大成功。从这时起，民族区域自治彻底取代了联邦制。事实上，当中共边区政府于1941年提出民族自治区时，便已经预示了民族区域自治发展的方向。当国民党败退台湾后，这一趋势势不可挡了。

1949年中华人民共和国成立后，中国的民族关系进入了一个新的发展时期，民族区域自治就开始全面推行。

在无产阶级掌握政权后，是要采用苏联的联邦制，还是采用地方自治，这是一个需要慎重考虑的问题。在中国人民政治协商会议筹备期间，毛泽东就是否实行联邦制征求李维汉的意见，李维汉认为，我们和苏联的历史发展和具体情况不同，不宜实行联邦制，建议在统一的（单一制的）国家内实行自治地方制。党中央和毛泽东采纳这个建议。接着，在有不少少数民族参加的中

---

① ［日］王柯著：《从"天下"国家到民族国家：历史中国的认知与实践》，上海人民出版社2020年版，第310~311页。

国人民政治协商会议第一次全体会议上讨论通过了《中国人民政治协商会议共同纲领》。《共同纲领》第六章民族政策中明确规定了如下几条：

第五十条，中华人民共和国境内各民族一律平等，实行团结互助，反对帝国主义和各民族内部的人民公敌，使中华人民共和国成为各民族友爱合作的大家庭。反对大民族主义和狭隘民族主义，禁止民族间的歧视、压迫和分裂各民族团结的行为。

第五十一条，各少数民族聚居的地区，应实行民族的区域自治，按照民族聚居的人口多少和区域大小，分别建立各种民族自治机关。凡各民族杂居的地方及民族自治区内，各民族在当地政权机关中均应有相当名额的代表。

第五十二条，中华人民共和国境内各少数民族，均由按照统一的国家军事制度，参加人民解放军及组织地方人民公安部队的权利。

第五十三条，各少数民族均有发展语言文字，保持或改革其风俗习惯及宗教信仰的自由。人民政府应帮助各少数民族的人民大众发展其政治、经济、文化、教育的建设事业。[1]

第一届中国人民政治协商会议代行了全国人民代表大会职权，《共同纲领》起到了临时宪法的作用，这就从根本上规定了我国实行民族区域自治制度。这是处理我国民族问题，解决民族地方和中央关系的制度。这为日后的民族区域自治制度提供了合法的依据和参考。民族区域自治制度取代了苏联的联邦制度，成为处理民族问题的重要政治制度。1952年8月8日中央人民政府委员会第十八次会议批准了《中华人民共和国民族区域自治实施纲要》。1954年9月20日，第一届全国人民代表大会通过了《中华人民共和国宪法》，宪法再次确认了我国在少数民族聚居

---

[1] 罗广武：《1949—1999新中国民族工作大事概览》，华文出版社2001年版，第2~3页。

的地方实行区域自治。各民族自治地方都是中华人民共和国不可分离的部分。

担任中共中央统战部部长兼中央民族事务委员会主任委员、主管党和国家统战和民族工作的李维汉认为"民族的区域自治,是毛主席运用马克思列宁主义解决中国民族问题的基本政策"。"民族的区域自治,是中华人民共和国领土之内的,在中央人民政府统一领导下的,遵循着中国人民政治协商会议共同纲领总道路前进的,以少数民族聚居区为基础的区域自治(不应当以少数民族所占当地人口的一定比例为基础,这种看法是错误的,违反共同纲领的)。这是一个总原则和大前提。对于这个总原则和大前提,不可有任何的动摇。""一切聚居的少数民族,依据这个总原则和大前提,都有权利实行民族的区域自治,建立自治区和自治机关,按照本民族大多数人民及与人民有联系的领袖人物的志愿,管理本民族的内部事务。"[1] 这是中国共产党对民族区域自治的定义最初表述。

1950年9月16日,毛泽东在关于区域自治问题的批语中指出:区域自治问题,牵涉很广,有西藏、青海、宁夏、新疆、甘肃、西康、云南、广西、贵州、海南、湘西等处,有的须成立内蒙古那样的大区域政府,有的须成立包括几个县的小区域政府,有的是一个县或一个区的政府,疆域划分,人员配备,政策指导,问题甚多,须加统筹。[2] 对此,李维汉在1951年12月召开的中央民委第二次扩大会议上也指出:民族自治区的建立,包含着民族组成,区域界线,行政地位,自治机关,自治权利,内部关系和上下关系等问题。[3]

---

[1] 《有关民族政策的若干问题》,引自《李维汉选集》,人民出版社1987年版,第248、249页。

[2] 罗广武:《1949—1999新中国民族工作大事概览》,华文出版社2001年版,第19~20页。

[3] 《有关民族政策的若干问题》,引自《李维汉选集》,人民出版社1987年版,第249页。

对于民族区域自治地方的自治机关,是与自治区行政地位相当的一级地方政权,是自治区人民的政权机关。在最初实行民族区域自治的时候,曾经考虑到是否需要过渡的问题,李维汉指出:"建立民族自治区的步骤和筹备方式,决定于当时当地的具体情况,不可能一律,也不需要一律。是否先建立地方民族民主联合政府,然后建立民族自治区,也要看当地具体情况决定。""地方民族民主联合政府,皆为一级地方政权,是保障民族杂居区各民族在政权机关中享有平等权利,以利于各民族相互合作和发展的基本政策。"① 民族民主联合政府包括政府委员会和协商委员会,一般包括几个民族自治权。

自此,民族区域自治制度正式成为新中国处理民族问题的基本政治制度。

(二)民族区域自治制度的恢复与法治化进程的加速

改革开放以来,党中央纠正了对民族问题的错误认识,重新解释了民族问题的性质,总结了民族工作中的经验,并在民族区域自治制度的法治化方面迈出了较大步伐。

1978年3月5日,中华人民共和国第五届全国人民代表大会第一次会议通过了《中华人民共和国宪法》,后人通常称为1978年宪法。1978年宪法基本继承了1954年宪法的基本精神,在民族政策方面,宪法规定了"中华人民共和国是统一的多民族的国家""各少数民族聚居的地方实行区域自治。各民族自治地方都是中华人民共和国不可分离的部分"。1982年,五届人大五次会议通过了《中华人民共和国宪法》,即1982年宪法,宪法对民族区域自治制度又作了进一步的完善。宪法规定:"中华人民共和国是全国各族人民共同缔造的统一的多民族国家""中华人民共

---

① 《有关民族政策的若干问题》,引自《李维汉选集》,人民出版社1987年版,第250、254页。

和国各民族一律平等""各少数民族聚居的地方实行区域自治，设立自治机关，行使自治权。各民族自治地方都是中华人民共和国不可分离的部分"。基本上成为今天我们对民族区域自治制度的描述。

1984年5月31日，六届人大二次会议通过了《中华人民共和国民族区域自治法》（以下简称《民族区域自治法》）。《民族区域自治法》以宪法为依据，是实施宪法规定的民族区域自治制度的基本法律，是我国第一部关于民族区域自治的法律。该法规定了："中华人民共和国是全国各族人民共同缔造的统一的多民族国家。民族区域自治是中国共产党运用马克思列宁主义解决我国民族问题的基本政策，是国家的一项重要政治制度。"该法还对民族区域自治制度的解释作了完善，规定："民族区域自治是在国家统一领导下，各少数民族聚居的地方实行区域自治，设立自治机关，行使自治权。实行民族区域自治，体现了国家充分尊重和保障各少数民族管理本民族内部事务权利的精神，体现了国家坚持实行各民族平等、团结和共同繁荣的原则。"1999年9月27日，国务院新闻办公室发布《中国的少数民族政策及其实践》白皮书。全书分了五个章节：一、统一的多民族国家；二、坚持民族平等团结、三、实行民族区域自治制度；四、促进各民族共同发展；五、保护和发展少数民族文化。对新时期我国的民族发展提供了强有力的说明。

2001年，全国人大对《民族区域自治法》进行了修改，建立起比较完备的社会主义民族法律体系和监督机制，加快了民族地区依法自治的步伐。2001年2月28日，经九届人大常委会第二十次会议通过的《全国人民代表大会常务委员会关于修改〈中华人民共和国民族区域自治法〉的决定》公布实施，该法对1984年通过的《民族区域自治法》作了一定幅度的修改，其中序言第一段修改为："中华人民共和国是全国各族人民共同缔造的统一的多民族国家。民族区域自治是中国共产党运用马克思列宁主义解决我国民族问题的基本政策，是国家的一项基本政治制度。"① 明确肯定了，民族区域自治是中国共产党解决民族问题的基本政策，民族区域自治制度是我国的基本政治制度。

（三）作为国家治理体系的民族区域自治制度

党的十八大以来，在以习近平同志为核心的党中央坚强领导下，中国的民族区域自治制度发展进入了新的阶段。党的十八届三中全会强调，全面深化改革的总目标是坚持和完善中国特色社会主义制度，推进国家治理体系和治理能力现代化。民族区域自治制度作为中国的基本政治制度，是国家治理体系的重要组成部分；民族区域自治制度执行如何，直接影响制度优势能否更好转化为治理效能。2014年9月，习近平总书记在中央民族工作会议的重要讲话，全面分析我国民族工作面临的国内外形势，深刻阐述当前和今后一个时期我国民族工作的大政方针，为做好新时代的民族工作指明了方向。

一是进一步丰富了民族区域自治制度的内涵。习近平总书记在2014年召开的中央民族工作会议上，强调坚持和完善民族区域自治制度，要做到"两个结合"。一是坚持统一和自治相结合，二是坚持民族因素与区域因素相结合。习近平总书记强调指出，民族区域自治，既包含了民族因素，又包含了区域因素。民族区域自治不是某个民族独享的自治，民族自治地方更不是某个民族独有的地方。这一点必须搞清楚，否则就会走到错误的方向上去。这些重大论断进一步丰富了民族区域自治制度的内涵，为新时代的民族区域自治提供了理论支撑。

二是形成了新时代民族工作的根本要求。坚定不移走中国特色解决民族问题的正确道路，坚持中国共产党的领导，坚持中国

---

① 具体修改内容可参考网站：法律图书馆。

特色社会主义道路，坚持维护祖国统一，坚持各民族一律平等，坚持和完善民族区域自治制度，坚持各民族共同团结奋斗、共同繁荣发展，坚持打牢中华民族共同体的思想基础，坚持依法治国，加强各民族交往交流交融，促进各民族和睦相处、和衷共济、和谐发展，巩固和发展平等团结互助和谐的社会主义民族关系，依靠各民族共同力量实现中华民族伟大复兴。

三是强调了民族团结是各族人民的生命线。习近平在2014年9月召开的中央民族工作会议上强调，民族团结作为各族人民的生命线，是做好民族工作的关键。在思想意识方面要树立正确的民族观，培养国家意识和中华民族共同体意识，强化民族的自豪感、认同感和责任感；在行动方面，坚决同一切破坏民族团结的行为作斗争，真真切切地提高个民族人民的生活质量和各族地区的公共服务水平，为人民办实事。

四是强调了落实民族区域自治制度，关键是帮助自治地方发展经济、改善民生。党的十八大报告指出，要把握好各民族共同团结奋斗、共同繁荣发展这个主题，加快少数民族地区经济发展，加强边疆建设，做好扶贫工作。在2015年5月召开的第二次新疆工作座谈会上，习近平总书记强调，要坚持依法治疆、团结稳疆和长期建疆的大政方针，在保持新疆整体局势稳定的前提下，团结各族人民，共同为建设社会主义新新疆贡献力量。他指出，要构建一个各民族相互嵌入式的社会结构与环境，以便更好地解决我国民族发展过程中出现的新问题，更好地团结各民族共享发展成果。《中国共产党统一战线工作条例（试行）》第二十条强调：围绕促进民族团结、改善民生，推动民族地区经济社会发展，提高民族地区就业水平和基本公共服务水平。发展少数民族教育文化事业，全面推广国家通用语言文字，尊重、支持各少数民族语言文字的学习和使用。2020年修订的《中国共产党统一战线工作条例》进一步调整完善为：围绕促进民族团结、改善民生，推动民族地区经济社会发展，不断满足各族群众的美好生活需要。将"不断满足各族群众的美好生活需要"作为民族地区经济发展的重要目标。

五是积极培育中华民族共同体意识。全面深入持久开展民族团结进步创建活动，积极培育中华民族共同体意识，增进各族群众对伟大祖国、中华民族、中华文化、中国共产党、中国特色社会主义的认同。

反对大民族主义主要是大汉族主义，反对狭隘民族主义。尊重少数民族风俗习惯，反对一切形式的民族歧视。依法处理涉及民族因素的矛盾和纠纷，同一切分裂祖国的行为作坚决斗争，维护国家统一、民族团结和社会稳定。

六是大力培养民族地区各族干部。《中国共产党统一战线工作条例（试行）》第二十一条强调：大力培养民族地区各族干部，大力选拔使用少数民族干部。密切联系少数民族代表人士，重视培养民族地区知识分子特别是少数民族党外知识分子骨干，积极培养少数民族专业人才。

七是加强党委对民族工作的领导。从中央到地方，都成立了统战工作领导小组，构建了党委统一领导下的民族工作协同治理体系，完善了民委委员制度。

这部分梳理了中国共产党的民族政策，作为统一战线工作要处理的一对儿重要关系，中国共产党对民族关系的认识、民族政策的提出和完善，经历了较长的发展时期。随着中国共产党对民族问题本质的不断把握，民族区域自治制度最终成为处理民族关系的基本制度安排，也成为统一战线制度的重要一项内容。

二、宗教工作具有特殊重要性

宗教问题始终是我们治国理政必须要处理好的重大问题，2016年4月，习近平总书记在全国宗教工作会议上指出："宗教工作在党和国家工作全局中具有特殊重要性，关系中国特色社会主义事业发展，关系党同人民群众的血肉联系，关系社会和谐、民族团结，关系国家安全和祖国统一"。① 这三个关系突出表明了宗教工作的极端重要性，也表明了统一战线在处理宗教工作中的重要价值。

党的十八大以来，以习近平同志为核心的党中央从党和国家长治久安的角度思考党的宗教工作，提出了一系列新理念新思想新战略。习近平总书记在2016年全国宗教工作会议上强调，做好宗教工作，必须坚持党的宗教工作基本方针。党的宗教工作基本方针是我们党坚持马克思主义宗教观，从我国国情和宗教具体实际出发，汲取正反两方面经验制定出来的。实行宗教信仰自由政策，出发点和落脚点是要最大限度把广大信教和不信教群众团结起来。② 这段话是新时代中国共产党做好宗教工作的基本遵循。

（一）全面贯彻宗教工作方针

《中国共产党统一战线工作条例（试行）》强调了宗教工作的基本方针、基本要求。《中国共产党统一战线工作条例（试行）》第二十二条指出：党的宗教工作基本方针是全面贯彻党的宗教信仰自由政策，依法管理宗教事务，坚持独立自主自办原则，积极引导宗教与社会主义社会相适应。在这一基础上，党的十九大报告再度强调指出：全面贯彻党的宗教工作基本方针，坚持我国宗教的中国化方向，积极引导宗教与社会主义社会相适

---

① 《发展中国特色社会主义宗教理论　全面提高新形势下宗教工作水平》，载于《人民日报》2016年9月30日。
② 《发展中国特色社会主义宗教理论、全面提高新形势下宗教工作水平》，载于《人民日报》2016年4月24日。

应。① 这段话是对新时代宗教工作的高度概括。

一是提出宗教工作基本方针、原则。尊重和保护公民信仰宗教和不信仰宗教的权利。坚持政教分离，禁止以行政力量消灭或者发展宗教，禁止利用恐吓、欺骗等手段传播宗教，禁止利用宗教进行破坏社会秩序、损害公民身体健康、妨碍国家教育制度、制造民族矛盾、破坏祖国统一的活动。坚持保护合法、制止非法、遏制极端、抵御渗透、打击犯罪。健全宗教事务管理法规和制度，依法处置涉及宗教因素的矛盾和问题。防范外国势力干预和支配我国宗教团体和宗教事务。支持宗教界在独立自主、平等友好、互相尊重的基础上开展对外交往。防范和抵御境外势力利用宗教进行渗透。支持和引导宗教界人士对宗教教义作出适应时代进步要求的阐释。发挥宗教界人士和信教群众在促进经济社会发展中的积极作用。

习近平在 2014 年第二次中央新疆工作座谈会上明确提出"保护合法、制止非法、遏制极端、抵御渗透、打击犯罪是我国处理宗教事务中必须遵守的基本原则"。

二是积极引导宗教和社会主义相适应。从历史上看，1979年第十四次全国统战工作会议提出了"要把宗教活动引导到地面上来"的观点。1982 年 10 月，中央政治局委员胡乔木提出了"宗教怎样才能同社会主义社会相协调"的问题。这一时期，李维汉、杨静仁、习仲勋等也先后提出了"促使宗教同社会主义相适应""使我国的宗教进一步同社会主义发展相适应""使宗教活动同社会主义制度相适应"等观点，并引导宗教界共同思考。1986 年 12 月，第十六次全国统战工作会议提出，要"坚持一切着眼于团结和建设的主导思想，全面理解和贯彻宗教信仰自由政

---

① 习近平：《决胜全面建成小康社会，夺取新时代中国特色社会主义伟大胜利——在中国共产党第十九次全国代表大会上的报告》，人民出版社 2017 年版，第 40 页。

策,促使宗教与社会主义制度相适应。"① 1990年7月,《中共中央关于加强统一战线工作的通知》提出,要引导爱国宗教团体和人士把爱教和爱国结合起来,把宗教活动纳入宪法和法律的范围,同社会主义制度相适应。

第一,最大限度发挥宗教积极作用。尊重宗教自身的形成、发展和灭亡的规律,引导我国宗教与社会主义相适应。要坚持政治上团结合作、信仰上相互尊重。辩证看待我国宗教的社会作用,要正确认识和把握宗教社会作用的两重性,最大限度发挥宗教的积极作用,最大限度抑制宗教的消极作用,因势利导、趋利避害,积极引导宗教与社会主义社会相适应。

第二,要服从国家最高利益和民族整体利益。积极引导宗教与社会主义社会相适应,要引导信教群众热爱祖国、热爱人民,维护祖国统一,维护中华民族大团结,服从服务于国家最高利益和中华民族整体利益;拥护中国共产党领导、拥护社会主义制度,坚持走中国特色社会主义道路;积极践行社会主义核心价值观,弘扬中华文化,努力把宗教教义同中华文化相融合;遵守国家法律法规,自觉接受国家依法管理;投身改革开放和社会主义现代化建设,为实现中华民族伟大复兴的中国梦贡献力量。

第三,发挥宗教界人士的积极作用。发挥宗教界代表人士的积极作用,关键要在"导"上想得深、看得透、把得准,做到"导"有方、有力、有效,掌握宗教工作的主动权;以社会主义核心价值观为指引,以团结进步、和平宽容为理念,支持我国宗教界对宗教思想、教规教义做出符合当代中国发展进步及中华优秀传统文化的阐释。

第四,坚持宗教中国化方向。积极引导宗教与社会主义社会相适应,一个重要的任务就是支持我国宗教坚持中国化方向。要

---

① 《第十六次全国统战工作会议》,引自中共中央统战部研究室编:《历次全国统战工作会议概况和文献》,华文出版社1998年版,第518~519页。

求我国各宗教真正成为中国宗教，而不是"宗教在中国"。要用社会主义核心价值观来引领和教育宗教界人士和信教群众，弘扬中华民族优良传统，用团结进步、和平宽容等观念引导广大信教群众，支持各宗教在保持基本信仰、核心教义、礼仪制度的同时，深入挖掘教义教规中有利于社会和谐、时代进步、健康文明的内容，对教规教义作出符合当代中国发展进步要求、符合中华优秀传统文化的阐释。

要用社会主义核心价值观引领我国宗教发展，用中华优秀文化涵养我国宗教文化。

（二）坚持党对宗教工作的领导

处理我国宗教关系，必须牢牢把握坚持党的领导、巩固党的执政地位、强化党的执政基础这个根本，必须坚持政教分离，坚持宗教不得干预行政、司法、教育等国家职能实施，坚持政府依法对涉及国家利益和社会公共利益的宗教事务进行管理。

一是构建积极健康的宗教关系。在我国，宗教关系包括党和政府与宗教、社会与宗教、国内不同宗教、我国宗教与外国宗教、信教群众与不信教群众的关系。促进宗教关系和谐，这些关系都要处理好。其中党和政府与宗教的关系居于核心地位。

二是提高宗教工作法治化水平。做好新形势下宗教工作，需要用法律规范政府管理宗教事务的行为，用法律调节涉及宗教的各种社会关系。注意划清宗教与非宗教的界限，并非涉及宗教的都是宗教问题，不能把宗教问题泛化。"要保护广大信教群众合法权益，深入开展法治宣传教育，教育引导广大信教群众正确认识和处理国法和教规的关系，提高法治观念，提高依法依规开展宗教活动的自觉性和主动性。"[①]

[①]《发展中国特色社会主义宗教理论、全面提高新形势下宗教工作水平》，载于《人民日报》2016年4月24日。

在宗教法制化方面，2017年6月14日国务院第176次常务会议修订通过了《宗教事务条例》，这一条例是在2004年11月30日《宗教事务条例》的基础上修订通过。该条例新增两章共计29条，其中一个重要修改是增加了互联网宗教信息服务的内容，规定涉及宗教事务的出版物不得含有：破坏信教公民与不信教公民和睦相处；破坏不同宗教之间和睦以及宗教内部和睦；歧视侮辱信教公民或不信教公民；宣扬宗教极端主义；违背宗教的独立自主自办原则等。该条例中针对互联网宗教信息服务作出的规定是对互联网宗教现象的积极应对。《宗教事务条例》加强了党和政府对宗教的依法治理，该条例第三条规定，宗教事务管理坚持保护合法、抵制非法、遏制极端、抵御渗透、打击犯罪的原则。第四条规定，国家依法保护正常的宗教活动，积极引导宗教与社会主义社会相适应，维护宗教团体、宗教院校、宗教活动场所和信教公民的合法权益。宗教团体、宗教院校、宗教活动场所和信教公民应当遵守宪法、法律、法规和规章，践行社会主义核心价值观，维护国家统一、民族团结、宗教和睦与社会稳定。任何组织或者个人不得利用宗教进行危害国家安全、破坏社会秩序、损害公民身体健康、妨碍国家教育制度，以及其他损害国家利益、社会公共利益和公民合法权益等违法活动。任何组织和个人不得利用宗教进行危害国家安全，任何组织或个人不得在不同宗教之间，同一宗教内部以及信教公民与不信教公民之间制造矛盾与冲突，不得宣扬、支持、资助宗教极端主义，不得利用宗教破坏民族团体、分裂国家和进行恐怖活动。

三是加强宗教团体和宗教界人才队伍建设。宗教团体是党和政府团结、联系宗教界人士和广大信教群众的桥梁和纽带，要为他们开展工作提供必要的支持和帮助，尊重和发挥他们在宗教内部事务中的作用，努力建设政治上可信、作风上民主、工作上高效的高素质领导班子。要坚持政治上靠得住、宗教上有造诣、品德上能服众、关键时起作用的标准，支持宗教界搞好人才队伍建设。要坚决抵御境外利用宗教进行渗透，防范宗教极端思想侵害。要高度重视互联网宗教问题，在互联网上大力宣传党的宗教理论和方针政策，传播正面声音。①《中国共产党统一战线工作条例（试行）》第二十三条指出：坚持政治上团结合作、信仰上互相尊重，加强爱国宗教界代表人士队伍建设，支持宗教团体加强自身建设，巩固和发展党同宗教界的爱国统一战线。共产党员应当团结信教群众，但不得信仰宗教。

四是加强基层宗教工作。《中国共产党统一战线工作条例（试行）》第二十四条强调指出：加强基层宗教工作。建立健全县（市、区、旗）、乡（镇、街道）、村（社区）三级宗教工作网络和乡（镇、街道）、村（社区）两级责任制。宗教工作任务重的乡（镇、街道），党委和政府应当有领导干部分管宗教工作，并明确专人负责。

（三）宗教工作本质是群众工作

在2015年中央统战工作会议上，习近平总书记指出，宗教工作本质上是群众工作。目的是最大限度把宗教界人士和信教群众团结在党和政府周围，把广大信教和不信教群众的力量凝聚起来，共同致力于中国特色社会主义事业，为中华民族伟大复兴，凝聚磅礴力量。

一是团结广大信教群众是宗教工作的根本成效。习近平总书记在2016年的全国宗教工作会议上再度指出，宗教工作的本质是群众工作，评价宗教工作成效的根本标准，就是能不能把广大信教群众团结在党和政府的周围。

在爱国主义、社会主义旗帜下，同宗教界结成统一战线，是我们党处理宗教问题的鲜明特色和政治优势。要坚持政治上团结

---

① 《发展中国特色社会主义宗教理论、全面提高新形势下宗教工作水平》，载于《人民日报》2016年4月24日。

合作、信仰上相互尊重，多接触、多谈心、多帮助，以理服人，以情感人，通过解决实际困难吸引人、团结人。[①]

二是要提高做好宗教工作的能力和本领。新形势下，宗教工作范围广、任务重，既要全面推进，也要重点突破。要结合各宗教情况，抓住主要矛盾，解决突出问题，做好重点工作推进全局工作。各级党委要提高处理宗教问题能力，把宗教工作纳入重要议事日程，及时研究宗教工作中的重要问题，推动落实宗教工作决策部署。要加强对党关于宗教问题的理论和方针政策的学习，加强对宗教基本知识的学习，把党关于宗教问题的理论和方针政策纳入干部教育培训计划，使各级干部尽可能多地掌握。要建立健全强有力的领导机制，做好对宗教工作的引领、规划、指导、督查。

总之，做好新形势下宗教工作，必须坚持用马克思主义立场、观点、方法认识和对待宗教，遵循宗教和宗教工作规律，深入研究和妥善处理宗教领域各种问题，结合我国宗教发展变化和宗教工作实际，不断丰富和发展中国特色社会主义宗教理论，用以更好指导我国宗教工作实践。

---

① 《发展中国特色社会主义宗教理论、全面提高新形势下宗教工作水平》，载于《人民日报》2016年4月24日。

第五章

处理好统战工作的其他关系

《中国共产党统一战线工作条例（试行）》将统一战线工作的范围和对象整合为：民主党派成员；无党派人士；党外知识分子；少数民族人士；宗教界人士；非公有制经济人士；新的社会阶层人士；出国和归国留学人员；香港同胞、澳门同胞；台湾同胞及其在大陆的亲属；华侨、归侨及侨眷；其他需要联系和团结的人员，2020年修订的《中国共产党统一战线工作条例》始终坚持这一提法，这就表明了统一战线的广泛性和多样性。从统一战线的范围和对象来看，这段话就意味着，统一战线工作除了政党关系、民族关系、宗教关系之外，还需要处理好中国共产党与其他社会阶层、其他人民团体、无党派人士的关系，港澳台地区以及海内外同胞的关系。作为党内第一部关于统一战线的法规，《中国共产党统一战线工作条例（试行）》第七章、第八章和第九章论述了非公有制经济领域统一战线工作、港澳台海外统一战线工作和党外代表人士队伍建设。而2020年修订的《中国共产党统一战线工作条例》用了四章来描述统一战线工作的其他关系，将海外统一战线和侨务工作单列一章，并强调要加强党外代表人士队伍建设。

民营经济统战工作是全党的重要工作。本章将重点围绕《中国共产党统一战线工作条例》，分析中国共产党对新的社会阶层，以及其他对象的统战工作。

第五章　处理好统战工作的其他关系

一、加强非公有制经济领域统战工作

改革开放以来，中国逐步形成了以公有制为主体，多种所有制经济共同发展的基本经济制度。在这一制度下，"非公有制经济组织数量已占市场主体的90%，对GDP的贡献率超过60%，就业贡献率超过了80%。"① 随着非公有制经济的迅速发展，形成了大量的非公有制经济人士，他们是我国当前统战工作的重要对象。坚持和完善我国基本经济制度，制定、宣传、贯彻党关于发展非公有制经济的方针政策，推动形成有利于非公有制经济发展的政策环境、法治环境、市场环境、社会环境。引导非公有制企业建立现代企业制度，加强自主创新。

2000年12月4日，江泽民在第19次全国统战工作会议中对非公有制经济人士作出评价：在改革开放的进程中，在党的富民政策的指引下，通过诚实劳动和合法经营先富起来的个体劳动者和私营企业主，不仅是党和政府政策允许的，也是光荣的，他们为建设有中国特色社会主义事业贡献了力量，应该受到社会的尊重。② 2001年7月1日，江泽民在庆祝中国共产党成立八十周年大会上的讲话中指出："改革开放以来，我国的社会阶层构成发生了新的变化，出现了民营科技企业的创业人员和科技人员、受聘于外资企业的管理技术人员、个体户、私营企业主、中介组织的从业人员、自由职业人员等社会阶层。"③ 江泽民肯定了新的社会阶层所做出的重大贡献，在政治上认定他们是"有中国特色

---

① 中国统一战线理论研究会统战基础理论上海研究基地、中国特色社会主义统一战线理论研究基地：《新时代统一战线》，2018年，未刊稿，第4页。
② 《进一步开创统一战线工作的新局面》（2000年12月4日），引自《江泽民文选》第三卷，人民出版社2006年版，第151~152页。
③ 江泽民：《在庆祝中国共产党成立八十周年大会上的讲话》，2001年7月1日。

社会主义事业的建设者"。直到党的十六大,这部分群体作为党的群众基础,才被正式承认和接纳。

(一)统战工作要面向所有民营企业和民营经济人士

党的十八大以来,中国共产党对非公有制经济人士的统战工作取得长足的发展。

2006年11月颁布的《中共中央关于巩固和壮大新世纪新阶段统一战线的意见》对新阶层作了界定:新阶层主要包括民营科技企业的创业人员和技术人员、受聘于外资企业的管理技术人员、个体户、私营企业主、中介组织的从业人员和自由职业人员六个方面人员在内的"新的社会阶层"。[①] 有学者认为农民工也是新社会阶层的组成部分,[②] 中国社会科学院社会学所更是提出了十大社会阶层的划分。[③] 有学者指出,这样就使得新的社会阶层的定义有了广义和狭义之分。广义的新的社会阶层包括非公有制经济人士和其他社会阶层人士两部分,而狭义的新的社会阶层则不包括非公有制经济人士,只包括其他新的社会阶层人士。

2013年,习近平总书记在第十二届全国人民代表大会第一次会议讲话中指出,"一切非公有制经济人士和其他新的社会阶层人士,要发扬劳动创造精神和创业精神,回馈社会,造福人民,做合格的中国特色社会主义事业的建设者",这一说法对非公有制经济人士从新社会阶层进行了明确区分,将非公有制经济人士从新社会阶层中分离出来,具有重大意义。2015年颁布的《中国共产党统一战线工作条例(试行)》根据2013年习近平总

[①] 江泽民:《在中国共产党成立八十周年大会上的讲话》,引自《江泽民文选》第三卷,人民出版社2006年版,第286页。
[②] 魏晓东:《农民工是我国社会的新阶层》,载于《广西社会主义学院学报》2009年第3期。
[③] 该课题组提出的十大社会阶层是:国家与社会管理阶层;经理阶层;私营企业主阶层;专业技术人员阶层;办事人员阶层;个体工商户阶层;商业服务人员阶层;产业工人阶层;农业劳动者阶层;城市无业、失业和半失业人员阶层。

书记在第十二届全国人大一次会议讲话的精神,将非公有制经济人士和新的社会阶层人士进行了明确的区分。

在此基础上,2017年2月召开的全国新的社会阶层人士统一战线工作会议对狭义上的新的社会阶层的分类进行了更为详细的界定,从具体的构成上看,新的社会阶层的主体是知识分子,主要包括四类人群:民营企业和外商投资企业管理技术人员、中介组织和社会组织从业人员、自由职业人员、新媒体从业人员。对比过去的划分,原来新的社会阶层中的私营企业主和个体工商户两类社会群体被划入非公有制经济人士的行列,单独作为统一战线工作中的一类对象,而包括民营企业和外商投资企业管理技术人员、中介组织和社会组织从业人员、自由职业人员、新媒体从业人员在内的新的社会阶层也被单独作为一类统战对象。

2020年通过的《关于加强新时代民营经济统战工作的意见》进一步强调了统战工作要面向所有民营企业和民营经济人士,工作对象主要包括民营企业主要出资人、实际控制人,民营企业中持有股份的主要经营者,民营投资机构自然人大股东,以民营企业和民营经济人士为主体的工商领域社会团体主要负责人,相关社会服务机构主要负责人,民营中介机构主要合伙人,在内地投资的港澳工商界人士,有代表性的个体工商户。①

(二)正确引导非公有制经济人士

习近平总书记指出:发展经济要发挥非公有制经济人士作用,但不能就是一个劲地招商引资,见物不见人,要关注他们的思想,关注他们的困难,有针对性地进行帮助引导,同他们交思想上的朋友。要深化中国特色社会主义理想信念教育实践活动,大力弘扬和践行社会主义核心价值观,继续用好光彩事业等载

---

① 《关于加强新时代民营经济统战工作的意见》,中国共产党新闻网,2020年9月15日。

体，引导非公有制经济人士特别是年轻一代致富思源、富而思进，做到爱国、敬业、创新、守法、诚信、贡献。

一是价值引导，引导非公有制经济人士做合格的中国特色社会主义事业建设者。《中国共产党统一战线工作条例（试行）》第二十六条指出：要引导非公有制经济人士爱国、敬业、创新、守法、诚信、贡献，做合格的中国特色社会主义事业建设者。（1）开展理想信念教育，引导非公有制经济人士增强对中国特色社会主义的信念、对党和政府的信任、对企业发展的信心、对社会的信誉。（2）引导非公有制经济人士依法诚信经营，了解反映非公有制经济人士诉求，帮助其依照法定程序维护合法权益。（3）畅通非公有制经济人士有序政治参与渠道，帮助提高议政建言水平。（4）引导非公有制经济人士投身光彩事业和公益慈善事业，积极履行社会责任。

二是抓好非公有制经济的党建工作。第一，支持民营企业建立党的组织。《中国共产党统一战线工作条例（试行）》第二十七条规定：统战部、工商联按照同级党委安排，参与非公有制企业党建工作。工商联党组应当支持和配合做好所属会员企业、各类商会党组织组建工作，推动成立行业性或者区域性党组织。第二，培养优秀民营企业家入党。坚持政治标准，积极稳妥做好在民营经济代表人士优秀分子中发展党员工作，把政治素质好、群众认可度高、符合党员条件的民营经济代表人士及时吸收到党内来。所在单位没有党组织的，县级以上党委（党组）组织人事部门可直接做好联系培养工作。

三是构建"亲清"的新型政商关系。要正确引导非公有制经济人士，一个重要的方面就是处理好与他们的关系，构建新型政商关系。习近平总书记强调：党政领导干部和非公有制经济人士不能搞成封建官僚和"红顶商人"之间的那种关系，也不能搞成西方国家大财团和政界之间的那种关系，更不能搞成吃吃喝喝、酒肉朋友的那种关系。①

新型政商关系是什么样的？习近平总书记指出：概括起来说，我看就是"亲""清"两个字。对领导干部而言，所谓"亲"，就是要坦荡真诚同民营企业接触交往，特别是在民营企业遇到困难和问题情况下更要积极作为、靠前服务，对非公有制经济人士多关注、多谈心、多引导，帮助解决实际困难，真心实意支持民营经济发展。所谓"清"，就是同民营企业家的关系要清白、纯洁，不能有贪心私心，不能以权谋私，不能搞权钱交易。对民营企业家而言，所谓"亲"，就是积极主动同各级党委和政府及部门多沟通多交流，讲真话，说实情，建诤言，满腔热情支持地方发展。所谓"清"，就是要洁身自好、走正道，做到遵纪守法办企业、光明正大搞经营。企业经营遇到困难和问题时，要通过正常渠道反映和解决，如果遇到政府工作人员故意刁难和不作为，可以向有关部门举报，运用法律武器维护自身合法权益。靠旁门左道、歪门邪道搞企业是不可能成功的，不仅败坏了社会风气，做这种事心里也不踏实。②

四是规范政治安排。做好民营企业家担任省级工商联主席试点工作。稳妥做好推荐优秀民营企业家作为各级人大、政协常委会组成人员人选工作，把好入口关。开展聘请民营企业家担任特约检察员、特约监察员工作。

（三）加强工商联工作

工商联及所属商会是民营经济统战工作的重要组织依托。改革开放以来，新的社会阶层被纳入统战工作范围。1991年，党中央在转批中央统战部《关于工商联若干问题的请示》的决定

---

① 《关于加强新时代民营经济统战工作的意见》，中国共产党新闻网，2020年9月15日。
② 《毫不动摇坚持我国基本经济制度，推动各种所有制经济健康发展》（2016年3月4日），载于《人民日报》2016年3月9日。

中，明确将个体户、私营企业主等非公有制经济人士的思想整治工作，交由统战部门和工商联来做，并提出了"团结、帮助、引导、教育"的工作方针。2010年，《中共中央国务院关于加强和改进新形势下工商联工作的意见》（以下简称《意见》）颁发。《意见》指出，工商联是中国共产党领导的以非公有制企业和非公有制经济人士为主体的人民团体和商会组织，是党和政府联系非公有制经济人士的桥梁纽带，是政府管理和服务非公有制经济的助手，在我国经济、政治、文化、社会生活中有着重要影响，在促进非公有制经济健康发展、引导非公有制经济人士健康成长中具有不可替代的作用。统战性、经济性、民间性有机统一，是工商联的基本特征。

工商联的基本任务是加强思想政治工作，引导非公有制经济人士学习贯彻党的路线方针政策，遵守国家法律法规，培养拥护党的领导、走中国特色社会主义道路的非公有制经济人士队伍；参加政治协商，发挥民主监督作用，积极参政议政；推动经贸交流和协作，促进经济社会发展；加强行业协会商会建设，服务非公有制企业发展；参与协调劳动关系，促进社会和谐稳定；反映非公有制企业和非公有制经济人士利益诉求，维护其合法权益。《意见》对于坚持和完善公有制为主体、多种所有制经济共同发展的基本经济制度，促进非公有制经济健康发展和非公有制经济人士健康成长具有重要意义，是指导工商联工作的纲领性文件。

2020年制定的《关于加强新时代民营经济统战工作的意见》强调了统战工作向商会组织的有效覆盖。要加强工商联所属商会党建工作，探索完善工商联党组织领导和管理所属商会党建工作的有效机制。探索在工商联所属商会党组织中建立统战工作联络员制度。

二、做好其他人士的统战工作

在统一战线的工作范围内,还有港澳台同胞、海外侨胞、党外知识分子、党外代表人士等,他们也是统一战线的重要工作对象。

(一) 加强党外代表人士队伍建设

新阶层群体大多在体制外、党外,还有部分在海外。据统计,在 7 200 万的新的社会阶层人士中,党外人士约为 6 900 万,在全部新的社会阶层中所占的比例为 95.5%。[①] 中国共产党领导的统一战线工作对象为党外人士,重点是其中的代表人士。《中国共产党统一战线工作条例》将党外代表人士界定为:与中国共产党团结合作、做出较大贡献、有一定社会影响的人士,其标准是政治坚定、业绩突出、群众认同。在加强党外人士队伍建设中,有如下基本观点:

第一,加强党外代表人士的发现储备。习近平总书记指出:中华民族历来具有尚贤爱才的优良传统。现在,我们比历史上任何时期都更需要广开进贤之路、广纳天下英才。要实行更加开放的人才政策,不唯地域引进人才,不求所有开发人才,不拘一格用好人才,在大力培养国内创新人才的同时,更加积极主动地引进国外人才特别是高层次人才,热忱欢迎外国专家和优秀人才以各种方式参与中国现代化建设。要积极营造尊重、关心、支持外国人才创新创业的良好氛围,对他们充分信任、放手使用,让各

[①] 中国统一战线理论研究会统战基础理论上海研究基地、中国特色社会主义统一战线理论研究基地:《新时代统一战线》,2018 年,未刊稿,第 170 页。

类人才各得其所，让各路高贤大展其长。①

发挥高等学校、科研院所培养和选拔党外代表人士的重要基地作用，注意从国家机关、国有企事业单位以及新的社会阶层人士、出国和归国留学人员等领域发现党外代表人士。坚持政治培训为主，开展对党外代表人士的理论培训。发挥社会主义学院作为统一战线人才教育培养主阵地作用，重视发挥党校、行政学院、干部学院的作用，合理利用高等学校等培训资源及境外培训资源。加强党外代表人士的实践锻炼，将党外干部纳入党政领导干部交流总体安排。

第二，要从制度上保障党外代表人士参政议政。《中国共产党统一战线工作条例（试行）》对党外代表人士在国家政权建设中的作用进行了制度化规定。

党外代表人士在各级人大代表、人大常委会委员和人大专门委员会主任委员、副主任委员及委员中应当占有适当比例。全国人大常委会副委员长、县级以上地方各级人大常委会副主任中应当有适当数量的党外代表人士。

全国和省级人大常委会中应当有民主党派成员或者无党派人士担任专职副秘书长。统战部门会商有关部门，负责党外人大代表、党外人大常委会组成人员候选人的推荐提名工作。

第三，加强对党外代表人士的管理。重点了解掌握其政治表现、思想状况、履行职责、廉洁自律情况，特别是在重大原则问题上的政治立场和态度。统战部门负责牵头协调党外代表人士管理工作。党委有关部门、人大和政协党组、党外代表人士所在单位党组织，应当各负其责，加强日常管理考核。发挥党外代表人士所在党派和团体自我管理、自我教育、自我监督的作用。

搞好党同党外代表人士的合作共事。坚持集体领导和个人分

---

① 习近平：《在同外国专家座谈时的讲话》（2014年5月22日），载于《人民日报》2014年5月24日。

工负责相结合，保证党外干部对分管工作享有行政管理的指挥权、处理问题的决定权、人事任免的建议权。各级党委应当把党外代表人士队伍建设纳入干部和人才队伍建设总体规划。按照多于可配备职数的要求，建立统一的党外后备干部名单。

（二）做好党外知识分子工作

党的十九大报告指出，加强党外知识分子工作。[①] 党外知识分子工作，是统一战线的基础性、战略性工作。党外知识分子主要属于无党派人士，《中国共产党统一战线工作条例（试行）》将无党派人士定义为"没有参加任何政党、有参政议政愿望和能力、对社会有积极贡献和一定影响的人士，其主体是知识分子"。也就是说，党外知识分子绝大多数都是无党派人士。

知识分子是生产力的开拓者、文化的创造者、知识的传播者，必须把他们紧紧团结在党的周围，发挥他们的智慧和才能。总结新中国成立以来我们党处理知识分子问题的历程，可以看出，什么时候处理得好，党和人民事业就蓬勃发展；什么时候处理得不好，党和人民事业就容易遭受挫折。这是一条历史经验，一定要牢牢记取。[②]

一是分类施策。习近平总书记指出：现在，党外知识分子队伍构成更加多样，需要针对不同特点分类施策。高等院校、科研院所、国有企业党外知识分子密集，是党外知识分子工作的重要阵地。这些年来，一些地方和单位做党外知识分子工作只抓业务不抓思想，甚至以物质刺激代替政治引导；有的虽然也做思想工作，但只是读读报纸、念念文件，没有什么实效。做党外知识分子工作，不仅要增强责任意识、配强工作力量，还要改进工作方

[①] 习近平：《决胜全面建成小康社会，夺取新时代中国特色社会主义伟大胜利——在中国共产党第十九次全国代表大会上的报告》，人民出版社2017年版，第40页。

[②] 《在中央统战工作会议上的讲话》（2015年5月18日）。

法,学会同党外知识分子打交道,特别是做思想政治工作的本领,这样才能把党外知识分子这个阵地守好。① 新经济组织、新社会组织中的知识分子,如律师、会计师、评估师、税务师等专业人士,是改革开放以来快速成长起来的社会群体。目前看,这些人主要在党外、体制外,流动性很大,思想比较活跃,做他们的工作,一般化的方式不太有用。据了解,这些人往往根据自己的职业或兴趣加入了各种社会组织。我们要注意通过他们所在的组织了解情况、开展工作,对其中的代表人士更要重点培养,引导他们发挥积极作用。我们党历来有一个好办法,就是组织起来。新形势下,组织起来不仅要注重党政机关、企事业单位、人民团体等,而且要注重各类新经济组织、新社会组织。②

二是各级领导干部要善于同知识分子打交道。知识分子工作是党的一项十分重要的工作。各级党委和政府要切实尊重知识、尊重人才,充分信任知识分子,努力为广大知识分子工作学习生活创造更好条件。要深化科技、教育、文化体制改革,深化人才发展体制改革,加快形成有利于知识分子干事创业的体制机制,放手让广大知识分子把才华和能量充分释放出来。要遵循知识分子工作特点和规律,减少对知识分子创造性劳动的干扰,让他们把更多精力集中于本职工作。要善于运用沟通、协商、谈心等方式做好知识分子思想工作,多了解他们工作学习生活中的困难,多同他们共同探讨一些问题,多鼓励他们取得的成绩和进步。③

三是倡导对知识分子应该采取尊重、信任、宽容的态度,要在全社会营造尊重知识、尊重人才的良好氛围。

知识分子有思想、有主见、有责任,愿意对一些问题发表自己的见解。各级党委和政府、各级领导干部要就工作和决策中的

---

①② 《在中央统战工作会议上的讲话》(2015年5月18日)。
③ 《在知识分子、劳动模范、青年代表座谈会上的讲话》(2016年4月26日),人民出版社单行本,第6~7页。

有关问题主动征求他们的意见和建议,欢迎他们提出批评。对来自知识分子的意见和批评,只要出发点是好的,就要热忱欢迎,对的就要积极采纳。即使一些意见和批评有偏差,甚至不正确,也要多一些包容、多一些宽容,坚持不抓辫子、不扣帽子、不打棍子。人不是神仙,提意见、提批评不能要求百分之百正确。如果有的人提出的意见和批评不妥当或者是错误的,要开展充分的说理工作,引导他们端正认识、转变观点,而不要一下子就把人看死了,更不要回避他们、排斥他们。各级领导干部要善于同知识分子打交道,做知识分子的挚友、诤友。①

(三) 做好新的社会阶层人士工作

党的十九大强调指出,做好新的社会阶层人士工作,发挥他们在中国特色社会主义事业中的重要作用。②

新的社会阶层人士是随着改革开放和社会主义市场经济发展,在社会领域出现的一些新的社会群体。做好新的社会阶层的统战工作,对于团结凝聚新阶层、共同致力于社会主义现代化建设具有重要意义。新的社会阶层是原有社会阶层在特定的历史条件下分化与重组的必然产物,他们脱胎于"两阶级一阶层",是改革开放和市场经济条件的得益者。改革开放以来,原有的"两个阶级一个阶层"已经不能概括新的社会结构与社会阶层。新的社会阶层是我国改革开放进程中逐步出现的,并且伴随着市场经济的深入发展而不断壮大的一些新社会群体的统称,它一开始是作为统战工作领域中的一个概念而提出的,"更强调所有制的区

---

① 《在知识分子、劳动模范、青年代表座谈会上的讲话》(2016 年 4 月 26 日),人民出版社单行本,第 7 页。
② 习近平:《决胜全面建成小康社会,夺取新时代中国特色社会主义伟大胜利——在中国共产党第十九次全国代表大会上的报告》,人民出版社 2017 年版,第 40 页。

分意义,更强调所有制对社会阶层的塑造价值"①。作为统一战线领域的工作概念,新的社会阶层的概念最早于2001年被提出。最早使用"新的社会阶层"的提法是江泽民在2001年7月1日庆祝中国共产党成立80周年大会中的讲话中提出:"这些新的社会阶层的广大人员,通过诚实劳动和工作,通过合法经营,为发展社会主义社会的生产力和其他事业做出了贡献。他们与工人、农民、知识分子、干部和解放军指战员团结在一起,他们也是中国特色社会主义事业的建设者。"有学者指出,新的社会阶层既与传统的工农阶级之间有着不可分割的密切联系,又与工农阶级在根本利益一致的基础上存在着一些非对抗性矛盾。新的社会阶层有其自身特点:他们就职于多种所有制部门,其身份变化快,工作地域和领域有很大的流动性;他们当中的大多数人敢于创新,善于经营,从事非公有制经济生产经营活动,已经乘着改革开放的东风先富了起来;他们的价值观念多元化,既有信仰共产主义,合法经营、诚实劳动的,也有受极端物质主义浸染,唯利是图的。

2006年的《关于巩固和壮大新世纪新阶段统一战线的意见》指出,新的社会阶层人士是统一战线工作新的着力点,要最大限度地把他们团结在党的周围,充分发挥他们的作用,不断为实现中华民族的伟大复兴凝聚新力量。2015年的《中国共产党统一战线工作条例(试行)》明确将新的社会阶层人士列为统一战线的工作对象。新的社会阶层人士主体是知识分子,主要包括四类人:民营企业和外商投资企业管理技术人员、中介组织和社会组织从业人员、自由职业人员、新媒体从业人员。据有关方面的研究,到目前为止,新的社会阶层相关从业人数已超过1.5亿人,约占总人口的11.5%,使用全国半数以上的技术专利,直接或

---

① 陈明明、肖存良:《统一战线与协商民主》,复旦大学出版社2017年版,第31页。

间接地贡献全国近 1/3 的税收,每年吸纳半数以上新增就业人员。具体来看,在目前的新的社会阶层群体中,民营企业和外商投资企业管理技术人员约为 4 800 万人;中介组织和社会组织从业人员约为 1 400 万人;自由职业人员约为 1 100 万人;新媒体从业人员约为 1 000 万人。由于各类群体之间的人员统计存在交叉现象,这些数据之和超过 7 200 万。[①]

2017 年 2 月 23 日至 24 日召开的全国新的社会阶层人士统战工作会议是我国历史上第一次召开的关于新的社会阶层人士的统战工作会议。该次会议不仅对新的社会阶层统战工作的方针、原则、目标等问题进行了详细的阐述,而且确定了 15 个试点城市作为打造新的社会阶层人士统战工作实践创新基地,为全国其他地方提供示范和借鉴。

(四)加强同新媒体从业人员的联系

随着互联网快速发展,包括新媒体从业人员和网络"意见领袖"在内的网络人士大量涌现。要对新媒体从业人员中的代表性人士保持经常联系,加强线上线下沟通互动,引导其发挥净化网络空间、弘扬社会主旋律等作用。习近平总书记指出:在这两个群体中,有些经营网络、是"搭台"的,有些网上发声、是"唱戏"的,往往能左右互联网的议题,能量不可小觑。我说过,互联网是当前宣传思想工作的主阵地。这个阵地我们不去占领,人家就会去占领;这部分人我们不去团结,人家就会去拉拢。要把这些人中的代表性人士纳入统战工作视野,建立经常性联系渠道,加强线上互动、线下沟通,引导其政治观点,增进其政治认同。可以邀请他们参与一些议政建言活动,这比听任他们空发议论好。要在这个领域培养一支党外代表人士队伍,让他们

[①] 中国统一战线理论研究会统战基础理论上海研究基地、中国特色社会主义统一战线理论研究基地:《新时代统一战线》,2018 年(未刊稿),第 167 页。

在净化网络空间、弘扬主旋律、维护意识形态安全等方面展现正能量。①

出国和归国留学人员数是统战工作的新的着力点。坚持广泛团结、热情服务、积极引导、发挥作用的方针,做好出国和归国留学人员统一战线工作。

(五) 做好港澳台统战工作

一是提出了港澳统一战线的主要任务。《中国共产党统一战线工作条例》概括为:全面准确贯彻"一国两制"、"港人治港"、"澳人治澳"、高度自治的方针,坚持和完善"一国两制"制度体系,严格依照宪法和基本法办事,支持特别行政区行政长官和政府依法施政,支持港澳融入国家发展大局,发展壮大爱国爱港、爱国爱澳力量,增强香港同胞、澳门同胞国家意识和爱国精神,维护国家主权安全发展利益,维护香港、澳门长期繁荣稳定,确保"一国两制"实践行稳致远。

二是强调通过完善选举制度落实爱国者治港标准。在香港问题上,邓小平曾指出,"港人治港"有个界线和标准,就是必须由以爱国者为主体的港人来治理香港;要做到这一点,就需要法治轨道上进一步完善香港选举制度,循序渐进地推进符合香港实际情况的民主制度,以确保香港选举安全。2021年第十三届全国人大四次和意义通过了《全国人民代表大会关于完善香港特别行政区选举制度的决定》,这意味着中央主动从国家层面完善香港的选举制度。

三是提出对台统一战线工作的主要任务。《中国共产党统一战线工作条例》概括为:贯彻执行党中央对台工作大政方针,坚持一个中国原则,广泛团结海内外台湾同胞,发展壮大台湾爱国统一力量,反对"台独"分裂活动,不断推进祖国和平统一进

---

① 《在中央统战工作会议上的讲话》(2015年5月18日)。

程，同心实现中华民族伟大复兴。

四是维护台海和平稳定。台湾问题是中国的内政问题，要倡导"两岸一家亲"理念，主动做好争取人心工作。对台工作，习近平总书记强调指出，国家领土和主权完整是中华民族的核心利益，要以"和平统一、一国两制"为基础，以"两岸一家亲"为理念，以争取人心为重点，全面提出和平统一祖国的方针和政策，是对新形势下"和平统一、一国两制"方针的创造性发展。习近平总书记指出："希望本着两岸一家亲的理念促进两岸经济合作"①，"坚持增进互信、良性互动、求同存异、务实进取"②的原则，发展两岸关系，并把两岸关系的未来寄托在青少年身上。

两岸关系发展、台湾同胞前途系于中华民族伟大复兴。两岸同胞都是民族复兴的参与者、推动者、获益者。两岸同胞愿望不可违，民族复兴大势不可挡。只要国共两党胸怀民族复兴理想，广泛团结两岸同胞，就一定能维护两岸关系和平发展和台海和平稳定，开创中华民族伟大复兴更加光明的前景。③

五是提出了新时代坚持"一国两制"和推进祖国和平统一的五项重大政策主张，这是新时代做好对台工作的重要指南。这五项重大政策主张是：携手推动民族复兴，实现和平统一目标；探索"两制"台湾方案，丰富和平统一实践；坚持一个中国原则，维护和平统一前景；深化两岸融合发展，夯实和平统一基础；实现同胞心灵契合，增进和平统一认同。

在实现祖国统一方面，全国政协一直着力于组织建设保障方面的探索。这种探索集中体现在政协的级别设置和委员名册变化上。在十届全国政协设置的34个界别中，主要有6个界别与之

---

① 《习近平谈治国理政》，外文出版社2014年版，第23页。
② 《习近平谈治国理政》，外文出版社2014年版，第234页。
③ 在会见中国国民党主席洪秀柱时的谈话（2016年11月1日），载于《人民日报》2016年11月2日。

有关,它们是:台湾民主自治同盟(19人)、中华全国台湾同胞联谊会(14人)、中华全国归国华侨联合会(23人)、对外友好界(32人)、特邀香港人士(122人)及特邀澳门人士(27人)。这6个界别中的政协委员人数达237人,这么多的委员,和其他界别中与之有关的委员汇聚在一起,尤其是中国国民党革命委员会、特别邀请人士等,形成了实现组织通过的大团结、大联合的巨大合力。①

(六)做好海外统一战线工作和侨务工作

一是提出海外统一战线工作的主要任务。《中国共产党统一战线工作条例》概括为:加强思想政治引领,增进华侨和出国留学人员等对祖国的热爱和对中国共产党、中国特色社会主义的理解认同;传承和弘扬中华优秀文化,促进中外文化交流;鼓励华侨参与我国改革开放和社会主义现代化建设,融入民族复兴伟业;遏制"台独"等分裂势力,维护国家核心利益;发挥促进中外友好的桥梁纽带作用,营造良好国际环境。

二是提出侨务工作的主要任务。习近平指出,广大海外侨胞要努力为促进祖国发展、促进中国人民同当地人民的友谊搭线架桥、增添助力。关于侨务工作的主要任务,《中国共产党统一战线工作条例》概括为:围绕凝心聚力同圆共享中国梦的主题,加强华侨、归侨、侨眷代表人士工作,凝聚侨心、汇集侨智、发挥侨力、维护侨益,为侨服务;统筹国内侨务和国外侨务工作,着力涵养侨务资源,引导华侨、归侨、侨眷致力于祖国现代化建设,维护和促进中国统一,实现中华民族伟大复兴,致力于增进中国人民与世界人民的友好合作交流,推动构建人类命运共同体。

---

① 林尚立主编:《中国共产党与人民政协》,东方出版中心2011年版,第173页。

保护华侨正当权利和利益，关心华侨的生存和发展，推动和谐侨社建设，教育引导华侨遵守住在国法律，尊重当地文化习俗，更好融入主流社会，为住在国经济社会发展贡献智慧和力量，充分展现守法诚信、举止文明、关爱社会、团结和谐的大国侨民形象。

保护归侨、侨眷合法权利和利益，适当照顾归侨、侨眷特点，积极发挥他们与海外联系广泛的优势作用。

第六章

结论：统一战线为什么能

"中国共产党为什么能？马克思主义为什么行？中国特色社会主义为什么好？"这是我们在思考中国革命、建设、改革取得成功时无法回避的三个问题，这三个问题实质上是一个问题，中国共产党为什么能够领导党的事业取得成功。从本书看，统一战线作为中国共产党的战略方针、政治优势、重要法宝和政治策略，是党的事业不断胜利最重要的原因之一。形成于中国革命时期的统一战线，同样是社会主义建设、坚持和发展中国特色社会主义的重要法宝。《中国共产党统一战线工作条例（试行）》指出：统一战线"是中国共产党凝聚人心、汇聚力量的政治优势和战略方针，是夺取革命、建设、改革事业胜利的重要法宝，是增强党的阶级基础、扩大党的群众基础、巩固党的执政地位的重要法宝，是全面建成小康社会、加快推进社会主义现代化、实现中华民族伟大复兴中国梦的重要法宝。"[①] 2020 年修订的《中国共产党统一战线工作条例》在基本保持原条例内容的基础上，结合新的时代要求，进一步描述为：统一战线是中国共产党凝聚人心、汇聚力量的政治优势和战略方针，是夺取革命、建设、改革事业胜利的重要法宝，是增强党的阶级基础、扩大党的群众基

[①] 《中国共产党统一战线工作条例（试行）》，北京华文出版社 2015 年版，第 1 页。

第六章 结论：统一战线为什么能

础、巩固党的执政地位的重要法宝，是全面建设社会主义现代化国家、实现中华民族伟大复兴的重要法宝。这段话高度凝练，科学总结了作为"法宝"的统一战线的性质：既回溯过去，又展望未来，赋予了统一战线新的时代内涵，进一步提升了统一战线的地位作用。

本章将在前面几章讨论的基础上，集中总结和讨论这一问题：统一战线为什么能，讲清楚统一战线的"道"和"理"。概括来讲：统一战线是治国理政的重要制度安排；统一战线是实现长期执政的重要组织形式；统一战线也是坚持党的全面领导的重要制度形态，也就是说，统一战线关系到国家的长治久安，关系到中华民族伟大复兴，关系到中国共产党的长期执政。

一、管"天下国家大事"

毛泽东很早就告诫全党，应该把统一战线视为把握和处理中国问题的"天下国家道理"[①]。统一战线为什么能？一个可能的回答就是，统一战线就是解决"天下国家大事"，即治国理政，实现公共利益、处理公共事务，在延安时期，共产党把土地革命的进程与战时统一战线协调在一起的能力，从而领导一个大胆的、有创建性的解决农村的压迫和解决问题的运动。[②] 这意味着统一战线是治国理政的制度安排、人民民主的重要实现形式、国家构建的重要载体。本书第三章基于政党关系而初步梳理了统一战线在国家治理体系中的重要功能，在这里，我们将进一步概

[①] 毛泽东的原话是："我坚决地回答：赞成统一战线，反对关门主义。人中间有三岁小孩子，三岁小孩子有许多道理都是对的，但是不能使他们管天下国家的大事，因为他们还不明白天下国家的道理。马克思列宁主义反对革命队伍中的幼稚病。"引自《毛泽东选集》第一卷，人民出版社1991年版，第155页。

[②] [美] 凡尔登、魏晓明、冯崇义译：《革命中的中国：延安道路》，前言第3页，社会科学文献出版社2002年版。

括、提炼统一战线在国家治理中的重要价值。

(一) 治国理政的制度安排

1949年之后,中国的国家治理体系逐步确立,党政关系、党内关系、党际关系、党群关系(党与社团)、党军关系等在这一体系中都有相应的制度安排。这一国家治理体系的设计、运转是围绕中国共产党而展开的;而中国共产党实现对国家、社会领导的具体方式就包括了统一战线。从一般意义上讲,政党制度、选举制度和议会制度,是代议民主的三大基石,也是现代国家的三大核心制度。在中国特色的制度安排或制度设计中,这三大核心制度具体体现为人民代表大会制度、中国共产党领导的多党合作和政治协商制度,以及中国特色的选举制度,它们构成了根本政治制度、基本政治制度和具体制度。这一制度的特点是:一是以政党为轴心组成的一元多体结构,政党为中枢,其他制度由政党衍生出去;二是制度执行的民主集中,即以民主集中制原则将不同体系、不同主体的有机整合,形成合力。三是制度运行的协商共和,各主体求同存异、形成共识。以中国共产党为中枢的制度安排,关联国家与社会的重要形式就是统一战线。有学者指出,中国共产党要想维护自己的中心地位,还是要回到最初的法宝——统一战线中来。[①]

中国共产党领导的统一战线,也在实践中不断成熟完善,它有自身的组织形态——人民政协;制度形态——中国的政党制度、民族区域自治制度(仅关注政党制度);功能形态——政治协商、民主监督和参政议政(见图6-1)。

统一战线的组织形态是人民政协。如果说1949年之前的统一战线,是作为中国革命胜利的策略;1949年后,统一战线从

[①] 肖存良、林尚立:《中国共产党与国家建设——以统一战线为视角》,复旦大学出版社2013年版,第276页。

第六章 结论：统一战线为什么能

一开始就被赋予了伟大的建国重任。1954年之后，政协回归了统一战线组织性质的功能，中国人民政治协商会议是中国人民爱国统一战线的组织，是中国共产党领导的多党合作和政治协商的重要机构，是我国政治生活中发扬社会主义民主的重要形式，人民政协是国家治理体系的重要组成部分。统一战线已经成为革命、建设和改革事业胜利的重要法宝。

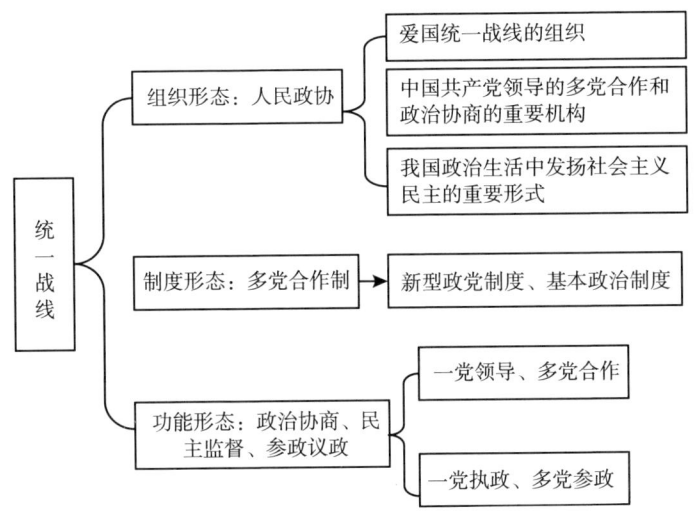

图6-1 国家治理体系中的统一战线及其表现形态

统一战线的制度形态是中国共产党领导的多党合作和政治协商制度，它是中国的基本政治制度；统一战线是多党合作的理论和实践基础。从逻辑上看，"共产党领导的多党合作制与人民代表大会制，在制度上具有深刻的内在逻辑联系：即非竞争性的政党制度与代表全体人民利益为使命的人民代表大会制是相联系的。"① 多党合作制，与中华人民共和国的国体和政体有着内在

---

① 林尚立：《党内民主：中国共产党的理论与实践》，上海社会科学院出版社2002年版，第116页。

的一致性,从而在制度架构上保障了人民民主的实现。统一战线已经被中国共产党有效纳入了国家治理体系,成为治国理政的重要制度安排了。

统一战线的功能形态是政治协商、民主监督和参政议政,实现了人民对政治生活的参与,实现了利益整合,完成了"天下国家大事"。

统一战线被纳入国家治理体系、实现天下国家大事主要通过两个方面:一是统一战线是吸纳民主党派和无党派人士的重要制度;二是统一战线是中国共产处理党内外关系、政权内外关系的重要制度安排。

第一,统一战线吸纳民主党派,成为国家治理体系的重要组成。新中国成立后,中国共产党对民主党派的编制、经费、干部调动、生活待遇等具体问题从政治发展的高度予以重视,通过国家公共资源的配置予以解决。将民主党派纳入国家治理体系的具体方式,主要有两类:一是提供公职资源。不仅通过政治安排和实职安排吸纳大量党派成员进入各级政协、人大、政府、司法等机构,而且将党派机关工作人员纳入国家行政编制,并最终纳入公务员队伍。[①] 二是提供公共财政资源,将民主党派活动经费(包括机关工作经费、调研费、培训费等)纳入财政预算。1949年执政后,民主党派首先需要解决的一个问题就是,它们的经费从何而来。政党经费方面,根据杨尚昆回忆,新中国成立之前中共的设想是"全国胜利后,共产党就不领国家的钱,自己吃自己的""进北平前,要开中国人民政治协商会议了,任弼时同志和朱老总提出一个问题:你共产党不用国家的钱,其他那么多民主党派有什么办法?这个问题受到大家重视。1949年1月初的政治局会议上,毛主席在会议中明确作了结论:我们应该公开地坦

[①] 黄天柱:《参与性政策主体:民主党派在中国公共政策过程中的制度定位新探》,载于《政治学研究》2013年第2期。

第六章 结论：统一战线为什么能

诚地和民主人士合作，统统吃国家的。党产的问题，以不搞为好，有饭大家吃，向他们说明就是。"① 共产党和民主党派的经费从财政开支就是从这里开始的，而这一规定也就强化了中国共产党作为领导党对各民主党派的领导。

当然，民主党派编制、经费等问题的解决是一个过程，这个过程既是民主党派的生存和发展状况得到改善的过程，同时也是民主党派的官方性日益增强、对执政党和政府的依赖性日益增强、与政府部门日益同构的过程。根据黄天柱的分析，新中国成立以来，就民主党派的编制、经费、待遇及房舍等问题，执政党、政府及有关部门出台了一系列文件予以落实和解决。仅1979～1999年这二十年间，中共中央、国务院及中央有关部门制定和出台的相关文件就有25个。2005年颁布的《中共中央关于进一步加强中国共产党领导的多党合作和政治协商制度建设的意见》（以下简称《意见》）明确规定，"要把民主党派机关的办公经费和考察调研、教育培训等专项经费列入同级财政预算"。2005年颁布、2006年开始实施的《公务员法》正式将民主党派机关工作人员纳入国家公务员管理体系。自此，民主党派组织运行所依托的主要资源彻底实现了国家化。② 2005年《中共中央关于进一步加强中国共产党领导的多党合作和政治协商制度建设的意见》颁布实施后，财政部专门制定了《进一步做好民主党派经费保障工作的意见》。2006年，中央财政设立地方民主党派组织培训工作专项经费。在当年财政部发布的财政收支分类改革方案中，在支出功能分类科目中，在"民主党派及工商联事务"款下设置了参政议政项目。这是我国预算管理第一次对党派经费专项工作项目做出具体规定，可以视为是党派经费项目规范化的

---

① 《杨尚昆回忆录》，中央文献出版社2001年版，第295页。
② 黄天柱：《参与性政策主体：民主党派在中国公共政策过程中的制度定位新探》，载于《政治学研究》2013年第2期。

重要开端。①

第二，中国共产党在通过统一战线处理政党关系、民族关系、宗教关系、阶层关系和海内外同胞关系的过程中形成的重要制度安排，成为了国家治理体系的重要组成部分。

（1）中国共产党领导的多党合作和政治协商制度，是基于中国国情，从中国本土生长出来的、符合中国国情的制度安排。多党合作制的理论基础是人民民主理论和统一战线理论。1949年，中国人民政治协商会议第一届全体会议的召开和《共同纲领》的制定，标志着共产党领导的多党合作和政治协商制度的初步确立。一直到1954年第一届全国人大的召开，政协代行了人民代表大会的职权。1954年12月召开的第二届全国政协第一次会议，制定了《中国人民政治协商会议章程》。之后，统一战线的发展历经风雨沧桑，1982年宪法规定了政协的性质、地位和作用，1989年《意见》强调："人民政协是我国爱国统一战线组织，也是共产党领导的多党合作和政治协商的一种重要组织形式。"1992年中共十四大把完善中国共产党领导的多党合作和政治协商制度作为建设有中国特色社会主义理论的主要内容之一和政治体制改革的重要内容。1993年第八届全国人大一次会议通过的宪法修正案将"中国共产党领导的多党合作和政治协商制度将长期存在和发展"载入宪法，从而使实行中国共产党领导的多党合作和政治协商制度上升为国家意志。1997年中共十五大把坚持和完善共产党领导的多党合作和政治协商制度列入党在社会主义初级阶段的基本纲领，作为社会主义民主政治建设的基本内容之一。2005年2月，中共中央颁发的《关于进一步加强中国共产党领导的多党合作和政治协商制度建设的意见》指出，中国共产党领导的多党合作和政治协商制度是我国的一项基本政治制

---

① 黄天柱：《参与性政策主体：民主党派在中国公共政策过程中的制度定位新探》，载于《政治学研究》2013年第2期。

第六章 结论：统一战线为什么能

度，是具有中国特色的社会主义政党制度。确立和实行中国共产党领导的多党合作和政治协商制度，是中国社会历史发展的必然选择，是中国共产党和中国人民政治智慧的结晶；坚持和完善中国共产党领导的多党合作和政治协商制度是建设社会主义政治文明的重要内容。（2）政治参与和政治整合的作用更为凸显。从国家建设和政治发展的角度看，统一战线实现了政治参与和政治整合。统一战线是要团结一切可以团结的力量，是大团结大联合。"统一战线的使命与宗旨，就是团结一切可以团结的力量，壮大自己，削弱敌人。因而中国共产党始终将其视为兼具党的建设与国家建设战略意义的政治法宝。从党的建设看，统一战线是党确立其领导地位，扩大其社会基础，强大其政治力量的法宝；从国家建设来看，统一战线是国家促进内在整合，创造人民团结、促进社会和谐的重要法宝。"[1]

每个国家的政治制度都是独特的，都是由这个国家的人民决定的，在庆祝全国人民代表大会成立60周年大会上的讲话中，习近平指出：设计和发展国家政治制度，必须注重历史和现实、理论和实践、形式和内容有机统一。要坚持从国情出发、从实际出发，既要把握长期形成的历史传承，又要把握走过的发展道路、积累的政治经验、形成的政治原则，还要把握现实要求、着眼解决现实问题，不能割断历史，不能想象突然就搬来一座政治制度上的"飞来峰"。统一战线是源于中国土壤的、内生的重要策略，是中国特色社会主义制度的重要组成。统一战线制度是在中国的历史传承、文化传统、经济社会发展的基础上长期发展、渐进改进、内生性演化的结果，回顾中国共产党领导统一战线的历史，统一战线已经成为中国共产党领导的国家治理体系的重要内容和组成部分，是完善和发展中国特色社会主义制度、推进国家治理体系和治理能力现代化的重要法宝。这一制度将长期存在。

---

[1] 林尚立：《中国共产党与国家建设》，江西人民出版社2017年版，第126页。

(二) 人民民主的重要形式

民主政治是现代文明的重要成果，人民民主是社会主义的生命。在当代中国，人民民主的实现方式有两种：一种是选举民主，另一种是协商民主，中国特色的民主政治包括选举民主和协商民主两种形态。协商民主是我国社会主义民主政治的特有形式和独特优势，是党的群众路线在政治领域的重要体现。

统一战线开创的协商民主是人民民主的重要形式，统一战线是社会主义协商民主发挥作用的重要场域，是社会主义民主政治建设的重要内容，要发挥统一战线在协商民主中的重要作用。

首先，统一战线是社会主义协商民主的主要平台和机制。在党的领导下，以经济社会发展重大问题和涉及群众切身利益的实际问题为内容，在全社会开展广泛协商，坚持协商于决策之前和决策实施之中，是统一战线的重要职能。统一战线在协调和平衡选举民主与协商民主中发挥着重要作用；中国特色社会主义协商民主的形式涵盖政党团体、人民政协、立法机关、政府和基层社会五大体系，而统一战线一端连接着党政机关、政治精英，一端连接着社会团体、人民群众，是实现国家与社会融合的重要形式。统一战线作为党的工作机制，既以中国共产党的领导为前提，又有各民主党派、各种社会力量的广泛合作，实现了政治整合与社会整合的有机统一。

其次，统一战线的组织形态人民政协是协商民主的重要实现形式。在中国的民主政治建设中，协商民主的第一个创造性成果就是中国人民政治协商会议。作为当代中国的基本政治制度，政治协商制度，既是中国共产党领导的统一战线工作和多党合作的基本制度形式，同时也是中国各族人民运行人民民主、共同治理国家的基本制度形式；换言之，它既是党实现领导的民主形式，同时也是人民实现当家作主的民主形式。① 1950年，在全国政协一届二次全会上，毛泽东指出，民主协商是人民政协的工作作风和工作方法。他提议，这种通过政治协商会议"总结经验和决定方针的工作，是我们大家一起来做的，是各民族、各民主阶级、各民主党派、各人民团体和各界民主人士的代表人物集合在一起来做的""这样，我们就能集中广泛的意见，检查过去的工作，决定今后的方针这种方法，我希望我们以后继续采用，并且希望各大行政区人民政府（军政委员会）和各省市人民政府也采用这种方法"②。可见，民主协商是人民政协的基本工作作风，也是发扬社会主义民主、正确处理统一战线内部关系的良好工作方法。

按照林尚立的分析，协商民主内生于中国共产党领导人民建设社会主义国家的伟大实践。它之所以能够长期坚持、不断发展，并成为中国的人民民主的重要实现形式，是因为协商民主不论对党的领导、国家建设、社会发展，还是对人民参与国家事务管理以及协调人民内部关系，都具有独特的优势：从形式看，协商民主的组织和运作方式很契合党的领导、国家的组织与运行以及人民管理国家事务的基本原则；从功能来看，协商民主对于治理中国这样规模巨大、结构多样的社会，实现国家治理体系的现代化能够起到全方面的支撑和推动作用。③

在本书看来，第一，协商民主保证了党的领导的有效实现，协商民主使得统一战线及其所决定的中国共产党领导的多党合作和政治协商制度能够得到完善；第二，协商民主让十四亿人口的大国能够有效实行民主制度，人民民主实践的最直接形式是参与国家事务管理，而协商民主让人民有机会更有效地参与这种国家事务的管理。第三，协商民主让一个超大规模的、有较大异质性

---

① 林尚立：《中国共产党与国家建设》，天津人民出版社2017年版，第107页。
② 《毛泽东文选》第六卷，人民出版社1999年版，第78、79页。
③ 林尚立：《中国共产党与国家建设》，天津人民出版社2017年版，第108页。

的社会能够保持持久的和谐与发展。1956年12月8日,毛泽东同工商界认识的谈话中指出:"我们政府的性格,你们也都摸熟了,是跟人民商量办事的,可以叫它是个商量政府。"① 合作而非对抗,充分体现了中国协商民主的巨大优势。民盟领导人、著名社会学家费孝通先生曾感慨地说道:"西方国家,不到战争发生,各党派不存在共同的政治目的,他们在议会里,有不同的意见进行针锋相对的辩论,不求统一,而进行投票,按票多的那派行事。因此,习惯于西方模式的人对我们人大、政协会上许多议案常常一致通过不理解,那是因为他们没有看到我们的协商过程"。②

(三) 国家建构的重要载体

1911年辛亥革命之后,中国开启了现代国家建设的努力,这种现代国家建设包含着中华民族共同体意识的形成,这种意识的形成,离不开民族主义的意识形态,而统一战线在处理各种关系的进程中,也在不断建构中华民族共同体意识。

"民族主义具有某些超越性,它可以唤起追随者的历史感与方向感。""民族主义以其丰富的情绪和知识内容,在现代民族国家中具有巨大的影响力。它比任何政治理论体系都更深刻地影响着个体忠诚,因为民族国家和民族主义是很多人的个人认同的来源,并将它们团结在一起。它建立了一个价值体系,同时也提供了一种满足社会需求的机制。此外,它能够激励某些人表现出非比寻常的行为。"③ 统一战线在处理民族关系、宗教关系、海外关系、新阶层关系的过程中,其作为国家构建重要载体的功能

---

① 转引自中共中央宣传部:《习近平新时代中国特色社会主义思想三十讲》,学习出版社2018年版,第175页。
② 费孝通:《认识政协》,载于《光明日报》1985年4月3日。
③ [美] 利昂·P. 巴拉达特著,张慧志、张路璐译:《意识形态:起源和影响》,世界图书出版社2010年版,第63页。

不断凸显。

总之,作为国家治理体系的组成部分,统一战线既不同于执政党组织系统的政治资源整合机制,也不同于国家政权架构中的政治资源整合机制。党的十九大以来,中国特色社会主义进入新时代。在新时代,统一战线以其广泛、包容、多样与社会性的特征,更好地发挥着社会整合与协调功能。发挥人民政协作为协商民主重要渠道作用。中国共产党领导的统一战线组织,给国家治理体系留下了充足的制度空间,这一体制不仅有助于不同阶层利益的多元代表;而且也会推动人民民主的发展。实践证明,什么时候轻视、放弃统一战线,党和人民的事业就容易遭受挫折,什么时候坚持和发展统一战线,党和人民的事业就能蓬勃发展。

二、统战工作是人心工作

人民就是江山,江山就是人民。人心向背是最大的政治,是执政合法性的重要依据。从最初意义看,任何政治秩序都面临着合法性的问题。政治秩序的合法性高,能极大降低治理成本。对任何政权来说,人心向背、力量对比是决定事业成败的关键,是最大的政治。统一战线是我们党执政的重要法宝。解决人心和力量问题,是统一战线的根本问题。中国共产党是执政党,党所从事的统一战线工作,就是争取人心、民心的工作,就是争取执政合法性的工作。诚如习近平总书记指出:统一战线是做人的工作,搞统一战线是为了壮大共同奋斗的力量。统一战线的本质是大团结大联合,解决的就是人心和力量问题。这是我们党治国理政必须花大心思、下大气力解决好的重大战略问题。①

---

① 《深刻认识做好新形势下统战工作的重大意义》(2015年5月18日),引自《十八大以来重要文献选编》(中),中央文献出版社2016年版,第556页。

(一) 推动坚持和加强党的全面领导

统一战线是党领导的统一战线。毛泽东指出:"没有中国共产党的坚强领导,任何革命统一战线是不能胜利的。"① 习近平总书记指出:"做好新形势下统战工作,必须掌握规律、坚持原则、讲究方法,最根本的是要坚持党的领导,实行的政策、采取的措施,都要有利于坚持和巩固党的领导地位和执政地位。"② 也就是说,新时代的统一战线工作,要能够推动党的领导,而不能削弱党的领导。

一是明确领导内涵。党对统一战线的领导主要是政治领导,即政治原则、政治方向、重大方针政策的领导,主要体现为党委领导而不是部门领导、集体领导而不是个人领导。坚持党的领导要坚定不移,但在这个过程中也要尊重、培养、照顾同盟者的利益,加大党外代表人士培养、选拔、使用工作力度,帮助党外人士排忧解难。这是我们党的职责,也是实现党统一战线领导的重要条件。③

二是完善领导体制。在民主党派的职务安排上,"省及省以下各级统战部部长,由于工作需要而又有条件时,要由党委常委担任,以便统战部更有效地研究、协调、处理涉及统一战线的重大问题,当好党委的参谋助手"④。《中共中央关于加强党的政治建设的意见》强调指出:将坚持党的全面领导的要求载入人大、政府、法院、检察院的组织法,载入政协、民主党派、工商联、

---

① 《毛泽东选集》第四卷,人民出版社1991年版,第1257页。
② 《深刻认识做好新形势下统战工作的重大意义》(2015年5月18日),引自《十八大以来重要文献选编》(中),中央文献出版社2016年版,第561页。
③ 《深刻认识做好新形势下统战工作的重大意义》(2015年5月18日),引自《十八大以来重要文献选编》(中),中央文献出版社2016年版,第561页;中共中央宣传部:《习近平新时代中国特色社会主义思想学习纲要》,学习出版社、人民出版社2019年版,第136~137页。
④ 《进一步开创统一战线工作的新局面》(2000年12月4日),引自《江泽民文选》第三卷,人民出版社2006年版,第154页。

人民团体、国有企业、高等学校、有关社会组织等的章程，健全党对这些组织实施领导的制度规定，确保其始终在党的领导下积极主动、独立负责、协调一致地开展工作。

三是完善具体机制，《中国共产党统一战线工作条例（试行）》规定党委统一领导统战工作，实现"四个纳入"，即把统一战线工作纳入党委重要议事日程，纳入党政领导班子和领导干部考核内容、纳入宣传工作计划，以及把统一战线理论政策纳入各级学校、行政学院、干部学院、社会主义学院教学内容。在统战部长的人选上，按照《中国共产党统一战线工作条例（试行）》规定，党委统战部部长，一般由同级党委常委担任，市、县两级党委统战部部长，由同级党委常委担任或兼任。此外，中央成立了统战工作领导小组，各地党委统战工作领导小组也相继成立，这些制度安排，有助于更好实现党对统战工作的领导。

四是进一步优化体制、理顺职能。根据《深化党和国家机构改革方案》，从体制机制上理顺党全面领导的优势，打破原来叠床架屋、机构重叠等问题，以更好形成统战工作合力。

五是发挥好政协党组领导核心作用。政协党组负责领导重点监督议题的组织实施，坚持正确方向和原则，把握好监督节奏和力度，加强对党和国家重大改革举措、重要决策部署贯彻执行情况等的民主监督，研究监督工作中的重要事项，及时向党委报告监督工作进展情况和遇到的重大问题，做到开展监督有计划、有题目、有载体、有成效，政协办公厅（室）、各专门委员会要贯彻落实政协党组部署，领导做好相关民主监督活动组织、协调、实施等具体工作，提高监督组织化程度。组织政协委员积极参加民主监督活动，发挥政协委员中共产党员的模范带头作用。加强政协自身建设，提高民主监督能力和水平，做到敢于监督、善于监督。

六是统战工作是全党的共同工作，要全党一起来做。无论是政党关系、宗教关系、民族关系，还是阶层关系和海外关系，以及对新出现群体的统战工作,都是全党的工作,要全党一起动手。比如,以宗教工作为例,统战部门要负起牵头协调责任,宗教工作部门要担负起依法管理责任,各有关部门及工会、共青团、妇联、科协等人民团体要齐抓共管,共同做好宗教工作。要广泛宣传党关于宗教问题的理论和方针政策,宣传宗教相关法律法规,加强宗教方面宣传舆论引导。党的基层组织特别是宗教工作任务重的地方基层组织,要切实做好宗教工作,加强对信教群众的工作。共产党员要做坚定的马克思主义无神论者,严守党章规定,坚定理想信念,牢记党的宗旨,绝不能在宗教中寻找自己的价值和信念。要加强对青少年的科学世界观宣传教育,引导他们相信科学、学习科学、传播科学,树立正确的世界观、人生观、价值观。

(二) 大团结大联合

统一战线的本质是大团结大联合。借助统一战线这一重要法宝,中国共产党将党外力量有机纳入政治体制(以及党的组织体系)中,通过处理好政党关系、民族关系和宗教关系,并将新阶层人士、海外人士等各种有代表性的群体关系都进行了有效整合,从而实现了最大程度的大团结大联合。

一是统战对象和范围不断扩大。邓小平曾经指出,统一战线的对象和范围,"是把一切能够联合的都联合起来,范围以宽为宜,宽有利,不是窄有利"[1]。统战工作要协调不同党派、不同宗教、不同民族、不同阶层,以及包括港澳台同胞在内的不同群体的利益关系,这意味着统一战线的对象和范围,在不同时期是不同的。这也就是说,随着中国社会主要矛盾的变化,随着国内各阶级、阶层关系的变化,中国共产党领导的统一战线在不同时

---

[1] 《新时期统一战线是社会主义劳动者与爱国者的联盟》(1979年9月1日),引自《邓小平论统一战线》,中央文献出版社1991年版,第158~159页。

期内涵和名称不同的原因。毛泽东在提到建立抗日民族统一战线的时候，曾经讲过这样的话："但是现在的情况，使得我们要把这个口号改变一下，改变为人民共和国。这是因为日本侵略的情况变动了中国的阶级关系，不但小资产阶级，而且民族资产阶级，有了参加抗战的可能性。"①

从范围来看，1982年，中国共产党提出了爱国统一战线的方针，爱国统一战线是对人民民主统一战线的发展。2018年3月11日第十三届全国人民代表大会第一次会议通过的《中华人民共和国宪法修正案》将爱国统一战线的定义由"全体社会主义劳动者、社会主义事业的建设者、拥护社会主义的爱国者和拥护祖国统一的爱国者的广泛的爱国统一战线"改为"全体社会主义劳动者、社会主义事业的建设者、拥护社会主义的爱国者、拥护祖国统一和致力于中华民族伟大复兴的爱国者的广泛的爱国统一战线"。党的十九大通过的党章也提出"进一步发展和壮大由全体社会主义劳动者、社会主义事业的建设者、拥护社会主义的爱国者、拥护祖国统一和致力于中华民族伟大复兴的爱国者的广泛的爱国统一战线"，统一战线的范围不断扩大。

从对象来看，第19次全国统战工作会议把统一战线工作范围由原来的10个扩大到12个方面，即各民主党派成员，无党派人士，党外知识分子，少数民族人士，宗教界人士，非公有制经济人士，香港、澳门同胞、台湾同胞、去台湾人员留在大陆的亲属和回大陆定居的台胞，出国和归国留学人员，海外侨胞和归侨侨眷，原工商业者，起义和投诚的原国民党军政人员等。第20次全国统战工作会议把新世纪新阶段统一战线的工作对象扩大为15个方面：各民主党派成员，无党派人士，党外知识分子，少数民族人士，宗教界人士，非公有制经济人士，私营企业和外资企业的管理技术人员，中介组织从业人员，自由职业人员，原工

---

① 《毛泽东选集》第一卷，人民出版社2009年版，第158页。

商业者，起义和投诚的原国民党军政人员及眷属，港澳同胞、台湾同胞、去台湾人员留在大陆的亲属，出国和归国留学人员，海外侨胞和归侨侨眷。《中国共产党统一战线工作条例（试行）》及《中国共产党统一战线工作条例》将统一战线工作的范围和对象整合为：民主党派成员；无党派人士；党外知识分子；少数民族人士；宗教界人士；非公有制经济人士；新的社会阶层人士；出国和归国留学人员；香港同胞、澳门同胞；台湾同胞及其在大陆的亲属；华侨、归侨及侨眷；其他需要联系和团结的人员。与此同时，还要根据社会变化，不断强化对新对象、新领域的统战工作。如新媒体从业人员和网络"意见领袖"在内的网络人士大量涌现，把这些人中的代表性人士纳入统战工作视野，进一步丰富了新时代的统一战线工作。

二是政协的包容性不断加强。习近平总书记指出"人民政协是国家治理体系的重要组成部分"。政协是以界别为单位的。一个界别的政协委员身后，有着一个庞大的利益群体。界别委员在本届别群众中具有很强的凝聚力、号召力，巩固和壮大统一战线必须发挥他们的团结凝聚作用。在这一点，早在新政协筹备时，老一辈无产阶级革命家就意识到了，在设置党派代表 14 个单位 142 人、区域代表 9 个单位 102 人、军队代表 6 个单位 60 人、团体代表 16 个单位 206 人后，另设特邀代表，这样就把进不了上述 45 个单位的或者不愿意以单位代表身份参加的，都以特邀的身份参加。此后，全国政协一直不断探索界别设置的科学合理性。全国政协二届一次会议设 29 个界别，五届增设体育界别，六届增设"中华全国台胞联谊会"，七届增设"港澳同胞"后，界别增至 32 个。八届增设经济界，并将"港澳同胞"一分为二，即香港同胞界和澳门同胞界。32 个界别发展为 34 个界别，[①] 因

---

① 林尚立主编：《中国共产党与人民政协》，东方出版中心 2011 年版，第 167 页。

而，八届全国政协共有 34 个界别。九届全国政协又将"香港同胞"界更名为"特邀香港人士"界，"澳门同胞"界更名为"特邀澳门人士"界。此外，到了 2009 年底，全国政协已经同 128 个国家的 236 个机构和 13 个国际或区域性组织建立了友好关系。

改革开放以来，政协的界别一直处在调整与增长之中。1978~1983 年五届政协期间，参加单位或界别为 29 个；1993~1996 年六届、七届政协期间，界别数增加到 31 个；从 1993 年开始的第八届政协以后的历届政协，界别数稳定维持为 34 个。① 将新社会阶级、新经济阶层人士纳入政协，也就纳入了中国共产党领导的国家治理体系，从而扩大了人民民主的范围。

三是找到最大公约数。在抗日战争时期实行抗日民族统一战线，并不是说工人阶级的利益同民族资产阶级的利益没有冲突，相反，这两个阶级的利益是有冲突的，但是因为民族资产阶级能参加反对帝国主义的统一战线，那么，工人阶级和民族资产阶级就有了共同的利害关系。这就是说，要找到最大公约数。第一届政协会议选举 180 人组成的中国人民政治协商会议第一届全国委员会，其中民主党派成员 60 多人。这体现了鲜明的各革命阶级联合专政的性质。这一政权的特点，一个关键的因素是把新政权与过去联系起来，借此大力寻求正统性的最广泛的基础。在理论上，在建立人民代表大会制度前，临时的国家最高权力机构称为中国人民政治协商会议，这个机构承袭了国民党 1946 年初期召开的政治协商会议（它表面上是为了寻求避免内战途径而成立的多党机构）的做法。② 在新时代，统战工作要团结一切可以团结的力量，调动一切可以调动的积极因素，实现大团结大联合，共同服

---

① 中国统一战线理论研究会统战基础理论上海研究基地、中国特色社会主义统一战线理论研究基地：《新时代统一战线研究》，华文出版社 2019 年版，第 300 页。
② ［美］麦克法夸尔、费正清编，谢亮生等译：《剑桥中华人民共和国史：革命中国的兴起：1949-1965 年》，中国社会科学出版社 2007 年版，第 69 页。

务于中华民族伟大复兴这个最大的公约数。

四是联谊交友是重要内容。习近平总书记指出：联谊交友是统战工作的重要内容，也是统战工作的重要方式。统一战线是做人的工作的，搞统一战线是为了壮大共同奋斗的力量。从某种意义上看，统一战线工作做得好不好，要看交到的朋友多不多、合格不合格、够不够铁。见朋友的面要广，朋友越多越好，特别是要交一些能说心里话的挚友诤友。要交到这样的朋友，不能做快餐，而是要做佛跳墙这样的功夫菜。要坚持讲尊重、讲平等、讲诚恳，也要坚持讲原则、讲纪律、讲规矩，出于公心为党交一大批肝胆相照的好朋友、真朋友。①

五是充分发挥群团组织的功能。林尚立认为，社团对中国共产党的执政空间带来了较大挑战：第一，社团组织的发展占了政党的传统空间。第二，社团组织在一些领域代替了政党的功能；第三，社团组织与政党之间的张力影响着政党整合社会的能力。② 2015 年召开的中央党的群团工作会议指出："群团组织要始终把自己置于党的领导之下""各级党委必须从党和国家工作大局出发，切实加强和改进党对群团工作的领导"。③ 在中国参加中国人民政治协商会议，除了八个民主党派之外，还有八个人民团体（即中华全国总工会、中国共产主义共青团、中华全国妇女联合会、中国科学技术协会、中华全国归国华侨联合会、中华全国青年联合会、中华全国工商业联合会、中华全国台湾同胞联合会）。它们分别联系各自所代表的群体。《中国共产党统一战线工作条例（试行）》指出：欧美同学会（中国留学人员联谊会）是党联系留学人员的桥梁纽带、做好留学人员工作的助手、

---

① 中共中央宣传部：《习近平新时代中国特色社会主义思想学习纲要》，学习出版社、人民出版社 2019 年版，第 136 页。
② 林尚立：《中国共产党与国家建设》，天津人民出版社 2017 年版，第 211 页。
③ 《保持和增强党的群团工作和群团组织的政治性先进性群众性》（2015 年 7 月 6 日），引自《习近平谈治国理政》第二卷，外文出版社 2017 年版，第 307、310 页。

留学人员之家。各省（自治区、直辖市）、副省级城市和省会城市应当建立留学人员组织。留学人员比较集中的其他城市和高等学校、科研院所等单位，可以成立留学人员组织。通过群团组织，进一步强化党对统一战线的领导。

三、进一步完善统战工作

2014年，习近平总书记在省部级主要领导干部学习贯彻十八届三中全会精神全面深化改革专题研讨班指出：我们的国家治理体系和治理能力总体上是好的，是有独特优势的，是适应我国国情和发展要求的。同时，我们在国家治理体系和治理能力方面还有许多亟待改进的地方，在提高国家治理能力上需要下更大气力。只有以提高党的执政能力为重点，尽快把我们各级干部、各方面管理者的思想政治素质、科学文化素质、工作本领都提高起来，尽快把党和国家机关、企事业单位、人民团体、社会组织等的工作能力都提高起来，国家治理体系才能更加有效运转。[①] 这段话来描述统一战线，同样也是如此。

（一）切实加强党的领导

中国共产党的领导是中国特色社会主义最本质的特征，做好新形势下统一战线工作，最根本的是要坚持党的领导，各民主党派作为中国共产党领导下的参政党，要在党的领导下，作好政治协商民主监督和参政议政工作。

一是进一步强化党对统一战线工作的领导。党的领导是中国特色社会主义的本质特征，是中国特色社会主义制度的最大优

[①]《不断提高运用中国特色社会主义制度有效治理国家的能力》，引自《习近平谈治国理政》第一卷，外文出版社2014年版，第105页。

势。作为中国共产党领导下的参政党，各民主党派的政治协商、民主监督和参政议政都是在党的领导下进行的。比如，2015年党中央成立统一战线工作领导小组，强化对统一战线的领导。2015年7月30日的中共中央政治局会议决定，设立中央统一战线工作领导小组。主要职责是对统一战线贯彻落实中央重大决策部署和中央关于统一战线重大方针、政策、法律法规情况进行研究，指导各地区各部门各单位党委（党组）贯彻落实中央关于统一战线的方针政策、法律法规，督促检查中央关于统一战线的重大方针、政策、法律法规的贯彻落实等。地方也都成立了统一战线工作领导小组。中国共产党第十九届中央委员会第三次全体会议通过了《中共中央关于深化党和国家机构改革的决定》和《深化党和国家机构改革方案》，进一步强化了统战部对统一战线工作的领导。再比如，2017年通过的《关于加强和改进人民政协民主监督工作的意见》强调了加强党对人民政协民主监督工作的领导：各级党委要深刻认识人民政协民主监督的重要意义，把加强和改进人民政协民主监督工作作为提高执政能力和领导水平、推动和改进工作的重要举措，纳入党委工作总体部署，完善民主监督的组织领导机制。政协党组向党委汇报工作时，应把开展民主监督情况作为重要内容。各级党委和政府负责同志要自觉接受、积极支持和保证人民政协依章程进行民主监督，认真倾听批评和建议，并督促有关方面办理监督意见。而党的十八大以来强调的政党协商也必须坚持中国共产党的领导。各级党委要切实加强领导，把握正确方向，充分发扬民主，广泛集智聚力，确保政党协商规范有序、务实高效、充满活力。而2020年新修订的《中国共产党统一战线工作条例》更是通篇体现了党对统一战线的全面领导。

二是进一步加强政协党组的领导。加强党对统一战线的领导，一个重要方面是加强作为统一战线组织形式的政协的领导，而加强政协党组的领导，是强化党的领导的重要要求。2019年通过的《中国共产党党组工作条例》指出：党组是党在中央和地方国家机关、人民团体、经济组织、文化组织和其他非党组织的领导机关中设立的领导机构，在本单位发挥领导作用，是党对非党组织实施领导的重要组织形式。作为在非党组织设立的、实施党的领导的重要形式，党组发挥领导作用，这种领导作用体现为把方向、管大局、保落实，全面履行领导责任，加强对本单位业务工作和党的建设的领导，推动党的主张和重大决策转化为法律法规、政策政令和社会共识，确保党的理论和路线方针政策的贯彻落实。

1956年中共中央统战部《关于加强政协地方委员会工作的意见》专门就统战部与政协的权力关系作出规定，要求统战部必须有一位部长或者副部长掌管政协日常工作，对政协日常工作的主要问题统战部应加以讨论，讨论结果报党委审批。随着政协体制地位的提高，这种领导逐步深化，要求政协党组对政协的领导。2006年中共中央下发的《关于加强人民政协的意见》提出，"政协党组是党在人民政协中的派出机构，肩负着实现党对人民政协领导的重大责任。"

三是进一步巩固共同合作基础。共同合作需要有合作基础，在新时代，这一基础就是习近平新时代中国特色社会主义思想。1937年9月实现第二次国共合作、形成抗日民族统一战线之初，毛泽东发表《国共两党统一战线成立后中国革命的迫切任务》一文，指出："抗日需要一个坚固的统一战线，这就需要一个共同纲领。共同纲领是这个统一战线的行动方针，同时也就是这个统一战线的一种约束。""共同纲领是什么呢？这就是孙中山先生的三民主义和共产党人在八月二十五日提出的抗日救国十大纲领。"[①] 新时代，统一战线合作的共同纲领更为深厚，它就是习近平新时代中国特色社会主义思想，这一思想是对马克思列宁主

---

① 《毛泽东选集》第二卷，人民出版社2008年版，第367页。

义、毛泽东思想、邓小平理论、"三个代表"重要思想、科学发展观的继承和发展；是马克思主义中国化最新成果；是党和人民实践经验和集体智慧的结晶；是中国特色社会主义理论体系的重要组成部分；是全党全国人民为实现中华民族伟大复兴而奋斗的行动指南，从而赋予了多党合作更深厚的基础。

四是进一步加强统战部门自身建设。统一战线工作，是全党共同的工作，但首先是统战部门的工作。各级统治部门自身建设的水平，将在很大程度决定全党统战工作的水平。因而加强统战部门自身的政治建设、思想建设、组织建设、作风建设和纪律建设，是做好统一战线工作的必然要求。2020年修订的《中国共产党统一战线工作条例》第十二章专章用五条（第五十一条、第五十二条、第五十三条、第五十四、第五十五条）讲了统战部门的自身建设，现摘录如下：

加强党的政治建设，履行全面从严治党主体责任，教育引导统战干部不忘初心、牢记使命，增强"四个意识"、坚定"四个自信"、做到"两个维护"，始终在政治立场、政治方向、政治原则、政治道路上同以习近平同志为核心的党中央保持高度一致，全面贯彻党的基本理论、基本路线、基本方略，确保党的意志和主张贯彻到统一战线工作各方面和全过程。

加强党的思想建设，用习近平新时代中国特色社会主义思想特别是习近平总书记关于加强和改进统一战线工作的重要思想武装头脑、指导实践、推动工作。

加强党的组织建设，贯彻新时代党的组织路线，坚持民主集中制，树立和坚持正确选人用人导向，加强干部培养、交流和锻炼，打造政治坚定、业务精通、作风过硬的统战干部队伍。

加强党的作风建设，坚决纠正"四风"，践行党的群众路线，教育、引导统战干部担当作为，加强同党外人士的团结联系，对党外人士待之以诚、动之以情、晓之以理、助之以实，做到诚恳谦和、平等待人、廉洁奉公。

加强党的纪律建设，做好纪检监察工作，监督约束统战干部严守政治纪律和政治规矩，始终做到知敬畏、存戒惧、守底线。

（二）支持民主党派加强自身建设

完善党领导的统一战线，一方面取决于中国共产党领导多党合作和政治协商制度的能力和水平，另一方面取决于民主党派的自身建设。民主党派在接受中共领导的同时，依法享有宪法规定的权利和义务范围内的政治自由、组织独立和平等法律地位；从政党制度来看，坚持和完善中国共产党领导的多党合作和政治协商制度，更好体现这项制度的效能，一是要加强中国共产党统战工作的意识；二是民主党派要不断加强自身建设，提高参政议政的能力和水平。

民主党派自身建设是一个全局性工作，对民主党派职能的发挥和多党合作制度的完善、对于做好新时代的统战工作具有十分重要的意义。

中国共产党十分重视民主党派的自身建设，1989年的《中共中央关于坚持和完善中国共产党领导的多党合作和政治协商制度的意见》指出，为了坚持和不断完善中国共产党领导的多党合作制度，民主党派需要加强思想建设和组织建设。2005年的《中共中央关于进一步加强中国共产党领导的多党合作和政治协商制度建设的意见》同时还提出了加强中国共产党同党外人士的合作共事，支持民主党派加强自身建设的措施。加强同党外人士的合作共事，是中国共产党坚定不移的方针。要坚持平等相待，民主协商，真诚合作，不断巩固中国共产党同党外人士的联盟。把培养选拔党外干部纳入干部队伍建设和人才工作的总体规划，统筹考虑。支持民主党派根据各自章程规定的参政党建设目标，按照坚持中国共产党的领导、发扬社会主义民主、体现政治联盟特点、体现进步性和广泛性相统一的原则，以思想建设为核心，以组织建设为基础，以制度建设为保障，把自身建设提高到新的水平。

《中国共产党统一战线工作条例（试行）》第十五条强调指出：各级党委应当支持民主党派和无党派人士加强自身建设。从内容看，要加强民主党派的思想建设、组织建设、制度建设、机关建设，并提出了要完善联系无党派人士机制和支持社会主义学院发挥好联合党校的作用。习近平总书记在中央统战工作会议上指出，要支持民主党派加强思想、组织、制度特别是领导班子建设，提高政治把握能力、参政议政能力、组织领导能力、合作共事能力、解决自身问题能力。

（1）支持民主党派加强思想建设，巩固共同思想政治基础；

（2）支持民主党派加强组织建设，做好组织发展和成员教育管理工作；

（3）支持民主党派加强制度建设，完善内部管理和监督制度，健全各项工作机制；

（4）支持民主党派加强机关建设，提升干部队伍素质，协调解决机构、编制、经费、办公场所、干部交流和挂职锻炼等方面的问题；

（5）完善联系无党派人士的机制，为无党派人士履行职责提供必要保障；

（6）支持社会主义学院发挥民主党派和无党派人士联合党校的作用。

目前来看，第一，民主党派的思想建设，就是各民主党派自觉接受中国共产党的领导，必然要把实现中华民族伟大复兴作为自己的奋斗目标，就必须要坚持马克思主义的指导。习近平新时代中国特色社会主义思想是当代中国的马克思主义，是21世纪的马克思主义，党的十九大将习近平新时代中国特色社会主义思想写入党章，实现了党的指导思想的与时俱进，2018年的全国人民代表大会和中国人民政治协商会议将习近平新时代中国特色社会主义思想写入宪法，实现了中国共产党和国家的指导思想的与时俱进，作为共同合作的思想基础，各民主党派要坚持马克思主义原则的指导，特别是把习近平新时代中国特色社会主义作为学习的重中之重，不断强化思想建党。

第二，民主党派要加强组织发展，这是各民主党派自身建设的重要内容，关系到多党合作事业的长期存在和健康发展。各民主党派组织发展的基本方针是（三个为主）：以重点分工为主、以大中城市为主、以有一定代表性的人士为主，注重政治素质，发展与巩固相结合，有计划地稳步发展。截至1950年12月，各党派经过整理并已发给党证的党员共有大约11 540人。① 从组织层次看，民主党派的组织体系自上而下分为中央组织、地方组织和基层组织，从而形成了庞大的层级组织体系。中央组织为中央委员会；地方组织为省级、地市级、县级委员会；基层组织为基层委员会、总支、支部。民主党派以民主集中制为组织原则。与中国共产党的组织体系相比，民主党派的权力集中主要表现在中央一级，地方组织的权力结构相对松散，再加上民主党派的组织机构向下延伸不足的特点，因此其在纵向上较难形成绝对的权威。②

一般来说，民主党派的组织结构有三个大的层级：中央组织、地方组织（包括省市委员会）和基层组织（包括基层委员会、总支、支部、小组）。中央层面的一般包括全国代表大会（个别党派有设置，如民盟、民建）、中央委员会、中央常务委员会、主席会议（设主席一人、副主席若干）、秘书长（有的还设有副秘书长），个别党派设有中央监督委员会（如九三学社中央）；同时还设有职能部门和专委会。职能部门一般包括：办公

---

① 王邦佐等编著：《中国政党制度的社会生态分析》，上海人民出版社2000年版，第330页。
② 王邦佐等编著：《中国政党制度的社会生态分析》，上海人民出版社2000年版，第131~132页。

厅、组织部、宣传部、联络部、社会服务部、调研部（或者设参政议政部，但二者不同时设置），有的党派还设有研究室、机关服务中心。①

第三，要加强民主党派专委会建设，提高民主党派参政议政能力和水平。各民主党派的成员来自不同的社会阶层和群体，负有更多的反映和代表他们所联系的各部分群众的具体利益与要求的责任。民主党派要认真研究多党合作制的优势以及"和而不同、资源兼容"的政治资源体系的特征，认真研究政治协商、民主监督、参政议政的内容、形式和程序，认真研究民主党派的地位、性质和使命，认真研究增强参政议政能力，与中国共产党合作共事的抓手和措施。② 专委会是各个民主党派机构设置的特色和亮点，是民主党派实现参政议政职能的主要依据，一般只在中央和省级委员会设置（市委会和基层组织不再设置）。比如民革中央共设有八个专门委员会，即经济委员会、"三农"委员会、社会和法治委员会、教科文卫体委员会、人口资源环境委员会、祖国和平统一委员会、理论研究与学习委员会、妇女和青年工作委员会。③

第四，要加强社会主义学院建设。2018年颁布的《社会主义学院工作条例》强调社会主义学院是"中国共产党领导的统一战线性质的政治学院，是民主党派和无党派人士的联合党校，是统一战线人才教育培养的主阵地，是开展党的统一战线工作的重要部门，是党和国家干部教育培训体系的重要组成部分"。培训民主党派和无党派人士、统一战线其他领域代表人士，培训统战干部，培养统一战线理论研究人才，承办党委和政府举办的有关专题研讨班。

---

①③ 刘艾莉：《民主党派组织发展问题研究》，郑州大学硕士学位论文，2018年，第10页。

② 牛艳芝：《"同心"思想指导下的民主党派自身建设研究的新视角》，引自高新文主编：《"同心"思想与多党合作》，山西人民出版社2013年版，第6页。

（三）人民政协要发挥更大作用

人民政协作为一种政治形式和组织形式，是我国国家治理体系的重要组成部分，是中国特色社会主义制度的重要安排，是统一战线的重要形式。进一步做好统战工作，需要更好发挥人民政协的作用。习近平总书记指出，人民政协要"以改革思维、创新理念、务实举措大力推进履职能力建设，努力在推进国家治理体系和治理能力现代化中发挥更大作用"。

一是要提高人民政协履职能力建设。推进人民政协履职能力建设，加强人民政协民主监督，优化政协专门委员会设置，更好发挥其作为专门协商机构的作用[①]。比如，根据2011年通过的《中国人民政治协商会议全国委员会提案工作条例》（以下简称《条例》），政协提案的提出共有四种方式：政协全国委员会委员，可以个人名义或者联名方式提出提案；政协全体会议期间，可以界别、小组或者联组名义提出提案；参加政协的各党派、人民团体，可以本党派、团体名义提出提案；政协全国委员会各专门委员会，可以本专门委员会名义提出提案。《条例》对提案有具体的要求：提案应当坚持严肃性、科学性、可行性，围绕国家大政方针、中心工作和经济、政治、文化、社会生活中的重要问题以及人民群众普遍关心的问题建言献策；提案须一事一案，实事求是，简明扼要，做到有情况、有分析、有具体的建议；提案必须按照规定的格式提交等。在2015年3月7日，全国政协十二届三次会议共收到提案5 857件，与上次会议相比，集体提案比重有所提高。提案的内容主要围绕全面深化改革和全面推进依法治国，主动适应经济发展新常态、促进经济平稳健康发展，保障和改善民生，促进社会主义核心价值观建设和文化事业发展等方面。

---

① 《中共中央关于深化党和国家机构改革的决定》（2018年2月28日），《中国共产党第十九届中央委员会第三次全体会议通过》，载于《人民日报》2018年3月5日。

二是提高人民政协协商水平。人民政协要围绕团结和民主两大主题，认真履行政治协商、民主监督、参政议政的职能。习近平总书记指出，人民政协要健全政治协商、民主监督、参政议政制度和工作机制，不断提高"协商民主制度化、规范化、程序化水平"。

最后，让我们用习近平总书记在庆祝中国人民政治协商会议成立65周年大会的讲话来总结新时代统一战线的基本方略和基本要求：

"大厦之成，非一木之材也；大海之阔，非一流之归也。"要坚持和完善中国共产党领导的多党合作和政治协商制度，完善工作机制，搭建更多平台，为民主党派和无党派人士在政协更好发挥作用创造条件。要全面贯彻党的民族政策和宗教政策，积极引导各族群众增强对伟大祖国的认同、对中华民族的认同、对中华文化的认同、对中国特色社会主义道路的认同，充分发挥宗教界人士和信教群众在推动经济社会发展中的积极作用，促进民族团结、宗教和睦。要坚定不移贯彻"一国两制"、"港人治港"、"澳人治澳"、高度自治的方针，推动全面准确落实基本法，推动内地同香港、澳门的交流合作，维护香港、澳门长期繁荣稳定。要坚持"两岸一家人"，拓展同台湾岛内有关党派团体、社会组织、各界人士的联系和沟通，推动两岸关系和平发展。要加强同海外侨胞、归侨侨眷的联系，维护他们的合法权益，支持他们积极参与和支持祖（籍）国现代化建设与和平统一大业，促进中国同世界各国的文化交流。要高举和平、发展、合作、共赢旗帜，按照国家对外工作总体部署，加强同各国人民、政治组织、媒体智库等友好往来，为促进人类和平与发展的崇高事业作出积极贡献。①

---

① 《在庆祝中国人民政治协商会议成立六十五周年大会上的讲话》（2014年9月21日），引自《十八大以来重要文献选编》（中），中央文献出版社2016年版，第70~71页。

参考文献

1. 陈明明、肖存良：《统一战线与协商民主》，复旦大学出版社2017年版。

2. ［日］村田雄二郎：《孙中山与辛亥革命时期的"五族共和"论》，载于《广东社会科学》2004年第5期。

3. 《邓小平文选》第2卷，人民出版社1994年版。

4. 窦红莉：《改革开放以来社会阶层变化与党的统一战线理论实践创新研究》，陕西师范大学博士学位论文，2012年。

5. ［美］杜赞奇著，王福明译：《文化、权力与国家》，江苏人民出版社2004年版。

6. 《发展中国特色社会主义宗教理论、全面提高新形势下宗教工作水平》，载于《人民日报》2016年4月24日，第1版。

7. 费孝通：《认识政协》，载于《光明日报》1985年4月3日。

8. 费孝通：《乡土中国、生育制度》北京大学出版社2003年版。

9. ［美］凡尔登著，魏晓明、冯崇义译：《革命中的中国：延安道路》，社会科学文献出版社2002年版。

10. 高新文主编：《"同心"思想与多党合作》，山西人民出版社2013年版。

11. 胡锦涛：《坚定不移沿着中国特色社会主义道路前进，为全面建成小康社会而奋斗》（2012年11月8日），载于《人民日报》2012年11月18日。

12. 黄天柱：《参与性政策主体：民主党派在中国公共政策

过程中的制度定位新探》，载于《政治学研究》2013 年第 2 期。

13. 黄天柱：《参政党视角下中国新型政党制度的主要特征》，载于《中央社会主义学院学报》2018 年第 5 期。

14. 《季米特洛夫选集》，人民出版社 1953 年版。

15. 《建国以来毛泽东文稿》第 6 册，中央文献出版社 1992 年版。

16. 《建国以来毛泽东文稿》第 4 册，中央文献出版社 1990 年版。

17. 《江泽民论有中国特色社会主义》（专题摘编），中央文献出版社 2002 年版。

18. 《江泽民文选》第 3 卷，人民出版社 2006 年版。

19. 金冲及：《辛亥革命和中国近代民族主义》，载于《近代史研究》2001 年第 5 期。

20. 《李大钊文集》（上册），人民出版社 1984 年版。

21. 李华兴：《中国现代思想史资料简编》第二卷，浙江人民出版社 1982 年版。

22. 李维汉：《回忆与研究》（下），中央党史资料出版社 1986 年版。

23. 《李维汉选集》，人民出版社 1987 年版。

24. ［美］利昂·P. 巴拉达特著，张慧志、张路璐译：《意识形态：起源和影响》，世界图书出版社 2010 年版。

25. 林尚立：《党内民主：中国共产党的理论与实践》，上海社会科学院出版社 2002 年版。

26. 林尚立：《中国共产党与国家建设》，江西人民出版社 2017 年版。

27. 林尚立主编：《中国共产党与人民政协》，东方出版中心 2011 年版。

28. 刘艾莉：《民主党派组织发展问题研究》，郑州大学硕士学位论文，2018 年。

29. 罗广武：《1949—1999新中国民族工作大事概览》，华文出版社2001年版。

30. 罗振建、林华山：《改革开放40年统一战线参加国家治理的成就、经验、启示》，载于《广州社会主义学院学报》2019年第2期。

31. ［美］麦克法夸尔、费正清编，谢亮生等译：《剑桥中华人民共和国史：革命中国的兴起：1949－1965年》，中国社会科学出版社2007年版。

32. 《毛泽东论统一战线》，中国文史出版社1988年版。

33. 《毛泽东文集》第一卷，人民出版社，1993年。

34. 《毛泽东文集》第二卷，人民出版社1999年版。

35. 《毛泽东文选》第六卷，人民出版社1999年版。

36. 《毛泽东选集》第三卷，人民出版社2008年版。

37. 《毛泽东选集》第五卷，人民出版社1977年版。

38. 《毛泽东选集》第四卷，人民出版社1991年版。

39. 《毛泽东选集》第二卷，人民出版社1991年版。

40. 《毛泽东选集》第一卷，人民出版社2009年版。

41. 《毛泽东早期文稿》，湖南出版社2008年版。

42. 彭明主编：《中共现代史资料选辑》（第四册），中国人民大学出版社1988年版。

43. 全国政协办公室编写组：《政协委员手册》，中国文史出版社2002年版。

44. 任军锋：《地域本位与国族认同》的序言部分，天津人民出版社2004年版。

45. 沈桂萍：《深刻理解习近平总书记关于宗教工作的重要论述》，载于《中国宗教》2018年第6期。

46. 史瑞杰：《协商民主是我国社会主义民主政治的特有形式和独特优势》，《光明日报》2018年3月23日。

47. 《孙中山全集》第九卷，中华书局2006年版。

48. 《孙中山全集》第五卷,中华书局 2006 年版。

49. 《孙中山选集》,人民出版社 1981 年版。

50. 谭锐:《中国共产党统一战线理论与实践形式研究》,西南财经大学出版社 2012 年版。

51. 王邦佐等编著:《中国政党制度的社会生态分析》,上海人民出版社 2000 年版。

52. 王邦佐主编:《中国共产党统一战线史》,上海人民出版社 1991 年版。

53. 王兆国:《关于〈中华人民共和国宪法修正案(草案)〉的说明》,载于《人民日报》2004 年 3 月 9 日,第 2 版。

54. 魏晓东:《农民工是我国社会的新阶层》,载于《广西社会主义学院学报》2009 年第 3 期。

55. 习近平:《发展中国特色社会主义宗教理论 全面提高新形势下宗教工作水平》,载于《人民日报》2016 年 9 月 30 日。

56. 习近平:《巩固发展最广泛的爱国统一战线,为实现中国梦提供广泛力量支持》,载于《人民日报》2015 年 5 月 21 日,第 1 版。

57. 习近平:《毫不动摇坚持我国基本经济制度,推动各种所有制经济健康发展》(2016 年 3 月 4 日),载于《人民日报》2016 年 3 月 9 日。

58. 习近平:《决胜全面建成小康社会,夺取新时代中国特色社会主义伟大胜利——在中国共产党第十九次全国代表大会上的报告》,人民出版社 2017 年版。

59. 习近平:《在会见中国国民党主席洪秀柱时的谈话》(2016 年 11 月 1 日),载于《人民日报》2016 年 11 月 2 日。

60. 《习近平在看望参加政协会议的民盟致公党无党派人士侨联界委员时强调 坚持多党合作发展社会主义民主政治为决胜全面建成小康社会而团结奋斗》,载于《人民日报》2018 年 3 月 5 日,第 1 版。

61. 习近平：《在同外国专家座谈时的讲话》（2014 年 5 月 22 日），载于《人民日报》2014 年 5 月 24 日。

62. 习近平：《在网络安全和信息化工作座谈会上的讲话》（2016 年 4 月 19 日），人民出版社单行本。

63. 习近平：《在哲学社会科学座谈会上的讲话》，载于《人民日报》2016 年 5 月 19 日。

64. 习近平：《在知识分子、劳动模范、青年代表座谈会上的讲话》（2016 年 4 月 26 日），人民出版社单行本。

65. 习近平：《在中央统战工作会议上的讲话》（2015 年 5 月 18 日）。

66. 《习近平总书记系列重要讲话读本（2016 年版）》，学习出版社、人民出版社 2016 年版。

67. 肖存良、林尚立：《中国共产党与国家建设——以统一战线为视角》，复旦大学出版社 2013 年版。

68. 肖存良：《中国政治协商制度研究》，上海人民出版社 2013 年版。

69. 许良廷：《统一战线入门》，上海人民出版社 1987 年版。

70. 《杨尚昆回忆录》，中央文献出版社 2001 年版。

71. 姚龙井、李根基、许世英：《中国共产党统一战线史（新民主主义革命时期）》，山西人民出版社 1991 年版。

72. ［美］詹姆斯·汤森、布兰特利·沃马克著，顾速、董方译：《中国政治》，凤凰出版传媒集团 2007 年版。

73. 张静：《基层政权乡村制度诸问题》，浙江人民出版社 2000 年版。

74. 张仲礼：《中国绅士：关于其在 19 世纪中国社会中作用的研究》，上海社会科学出版社 2002 年版。

75. 政协全国委员会办公厅、中共中央文献研究室编：《人民政协重要文献选编》（上、中、下），中国文献出版社、中国文史出版社 2009 年版。

76.《中共中央关于深化党和国家机构改革的决定》(2018年2月28日,中国共产党第十九届中央委员会第三次全体会议通过),载于《人民日报》2018年3月5日,第1版。

77.《中共中央国务院致全国工商联八大的贺词》,载于《人民日报》1997年11月4日,第1版。

78. 中共中央统一战线工作部、中共中央文献研究室编:《邓小平论统一战线》,中央文献出版社1991年版。

79. 中共中央统一战线工作部、中共中央文献研究室编:《新时期统一战线文献选编》(续编),中共中央党校出版社1997年版。

80. 中共中央统一战线工作部、中共中央文献研究室编:《周恩来统一战线文选》,人民出版社1984年版。

81. 中共中央统战部编著:《中国共产党统一战线史》,中共党史出版社、华文出版社2017年版。

82. 中共中央文献研究室编:《邓小平年谱(1975－1997)》(上),中央文献出版社2004年版。

83. 中共中央文献研究室编:《建国以来重要文献选编》第一册,中央文献出版社1992年版。

84. 中共中央文献研究室编:《建国以来重要文献选编》,中央文献出版社1993年版。

85. 中共中央文献研究室编:《江泽民论有中国特色社会主义(专题摘编)》,中央文献出版社2002年版。

86. 中共中央文献研究室编:《毛泽东年谱(1949－1976)》第六卷,中央文献出版社2013年版。

87. 中共中央文献研究室编:《十八大以来重要文献选编》(中),中央文献出版社2016年版。

88. 中共中央文献研究室编:《十六大以来重要文献选编》(下),中央文献出版社2008年版。

89. 中共中央文献研究室编:《十三大以来重要文献选编》

（中），人民出版社1992年版。

90. 中共中央文献研究室、中央档案馆编：《建党以来重要文献选编（1921－1949）》第1册，中央文献出版社2011年。

91. 中共中央文献研究室、中央档案馆编：《建党以来重要文献选编》（1921－1945）第二十二册，中央文献出版社2011年版。

92. 中共中央宣传部：《习近平新时代中国特色社会主义思想学习纲要》，学习出版社、人民出版社2019年版。

93. 《中国共产党统一战线工作条例（试行）》，北京华文出版社2015年版。

94. 《中国共产党统一战线工作条例》，法律出版社2021年版。

95. 中国统一战线理论研究会统战基础理论上海研究基地、中国特色社会主义统一战线理论研究基地：《新时代统一战线》，2018年，未刊稿。

96. 中央档案馆编：《中共中央文件选集》（16），中共中央党校出版社1991年版。

97. 中央档案馆编：《中共中央文件选集：1934—1935》（10），中共中央党校出版社1991年版。

98. 中央档案馆编：《中国共产党第二次至第六次全国代表大会文件汇编》，人民出版社1981年版。

99. 中央档案馆：《中共中央文件选集》第1册，中共中央党校出版1989年版。

100. 《中央民族工作会议暨国务院第六次全国民族团结进步表彰大会在北京举行》，载于《人民日报》2016年9月30日。

101. 中央社会主义学院等编：《统一战线基础理论研究》，华文出版社2002年。

102. 中央统战部研究室编：《历次全国统战工作会议概况和文献（1988—1998）》，华文出版社1998年版。

103. 钟离蒙、杨凤麟主编:《中国现代哲学史资料汇编》(第一集/第十二期),辽宁大学出版社 1981 年版。

104.《周恩来选集》上卷,人民出版社 1980 年版。

105. Theda Skocpol, State and Social Revolution, Cambridge University Press, 1979.

后记

写完本书的最后一段话，我终于松了一口气，统一战线的理论和实践这本书终于如期交稿了。

我个人是统一战线领域研究的新兵，虽然一直关注当代中国的这一独特的政治结构与制度安排，但对统一战线的历史发展、政治价值、基本精神，特别是党的十八大以来提出的统一战线新理念新思想新战略，缺乏系统深入、全面的了解和把握。当代中国有两个制度显得与众不同：一个是统一战线，另一个是群众路线，它们是中国共产党在国家治理体系的独特政治架构和制度安排。这两个制度内在地跟人民代表大会制度、中国的政党制度、选举制度以及民主制度关联起来，构成了政治制度的"中国方案和中国智慧"，共同推动中国共产党领导的国家治理体系和治理能力走向现代化。

中共上海市委党校曾峻副校长的鼓励让我最终下定决心承担起这本书的写作；复旦大学统战研究基地肖存良博士给我提供了统战研究的重要文献，上海市社会主义学院闻丽博士也分享了她的部分研究成果，中共上海市委党校程竹汝教授、上官酒瑞教授也多次跟我讨论相关主题；浙江省社会主义学院黄天柱教授同我讨论了不少细节；王公龙教授、甘梅霞博士不断关注写作进度，其他同仁的相互勉励，保证了本书如期交付。

本书参考了学界关于统一战线研究的一些理论和实践成果，在此一并表示感谢。当然，任何纰漏和不足理所当然应当由作者承担，真诚地期待来自各方面的建议和批评。

2021 年 5 月 1 日补于上海